監修者——木村靖二／岸本美緒／小松久男／佐藤次高

［カバー表写真］
フランクリン・ローズヴェルト(1939年)

［カバー裏写真］
ヤルタ会談(1945年，左からチャーチル，
ローズヴェルト，スターリン)

［扉写真］
ローズヴェルトとその家族

世界史リブレット人93

フランクリン・ローズヴェルト

ニューディールと戦後国際体制の創設者

Kubo Fumiaki
久保文明

目次

ローズヴェルトを語る意味

アメリカ合衆国は一九二九年十月から未曽有の大恐慌(一三頁参照)に突入した。フランクリン・デラノ・ローズヴェルト(一八八二〜一九四五、以下ローズヴェルトと略す)は経済が悪化する一方であった三三年に大統領に就任し、さらなる悪化を防ぐべく悪戦苦闘した。景気回復にどの程度成功したかは議論の余地があるが、この間、アメリカの政治と経済を大きく変革した。

三九年には第二次世界大戦が勃発し、四一年には日本からパールハーバーの奇襲を受けた。この前後、彼はアメリカ史上ただ一人、三選そして四選され、四一年からは日本・ドイツ・イタリア等との戦争においてアメリカを率いて、連合国の勝利と国際連合など戦後世界の骨格が見えつつあった四五年四月に逝去した。

この間、大統領のあり方、連邦政府の役割、そして国際政治の構造とそこにおけるアメリカの重みも大きく変化した。これはローズヴェルト自身の価値観やリーダーシップによる部分も大きい。とくに彼はニューディール体制と呼ばれるアメリカの国内政治体制と、四五年以降長く続いた国際体制を生み出すのに大きく貢献した。それを理解することの重要性についてはいうまでもないが、戦後との相違も含めて、この時期特有の政治・社会情勢、あるいは社会の雰囲気などを適確に認識することも同じように意義のあることであろう。

本書はこれらの点に可能なかぎりふれながら、ローズヴェルトを歴史のなかで位置づけようとした。必ずしもローズヴェルトを偶像化しようとするものではなく、批判的に叙述している部分もある。「偉人」として一方的に持ち上げるというよりも、他に例がないほど重要な役割を担った人物として、その弱点も含めてとらえてみたい。

①―生い立ちから州知事まで

名門ローズヴェルト家

ローズヴェルトは一八八二年一月三十日、ニューヨーク州ハイドパークで生まれた。周知のように、アメリカ合衆国では、独立革命前はいざ知らず、その後には公式の貴族は存在しない。しかし、貴族的な階級と貴族的な人間、すなわち、早くからアメリカに移住して不動産あるいは金融所得等のかたちで巨大な財産を獲得した資産家階級は存在した。ローズヴェルト家もその例であった。

ローズヴェルト家は一六四〇年代にオランダからニューアムステルダム(今日のニューヨーク市)に移り住み、西インド諸島から砂糖などを輸入する貿易によって財産を形成した。アメリカ独立後はニューヨークの政界と経済界で活躍した。ローズヴェルト家は十八世紀に入ると、マンハッタンに近いところに居を構えた家系とハドソン河畔ハイドパークに転居した系譜に分かれた。前者から第二六代大統領セオドア・ローズヴェルト(在任一九〇一～〇九)が、後者から第三二代大統領フランクリン・D・ローズヴェルトが輩出する。

ハイドパークのローズヴェルト家邸宅はハドソン川を見下ろす高台にある。近くには川沿いにヴァンダービルト家▲やミルズ家▲の邸宅も存在する。

ローズヴェルトの父ジェームズ・ローズヴェルト▲は一人息子を残して最初の妻に先立たれ、サラ・デラノ(以下サラと表記)と再婚した。ジェームズは五二歳、サラは二六歳であった。彼らの間に生まれたのがフランクリンであった。母はローズヴェルトが八歳になるまで乳母を雇わず、自ら世話をした。

一八八七年の冬、五歳のローズヴェルトはホワイトハウスでクリーヴランド大統領▲に面会する機会があったが、大統領は彼の頭に手をおいて、「坊や、決してアメリカ大統領にならないようにね」と述べた。九一年、ローズヴェルトが九歳の時に父は最初の心臓発作を起こし、自由に生活できなくなった。ローズヴェルトは父に心配をかけないように快活さを装う術を覚えた。明るく見える外面の裏に、ローズヴェルトは本当の感情をかくし続けることが多かった。

当時のニューイングランド地域の裕福な家庭の子どもの初等教育は、しばしば家庭教師によるものであったが、ローズヴェルトもそのように育てられた。すなわち、彼は基本的に大人に囲まれて育ったのである。ローズヴェルトが最

▼ヴァンダービルト家　ヴァンダービルト家はアメリカの鉄道王一家。フレデリック・ウィリアム・ヴァンダービルト(一八五六〜一九三八)はニューヨーク州ハイドパークに邸宅『ハイドパーク』を建てた。

▼ミルズ家　ミルズ家は金融業等で財を成し、オグデン・ミルズ夫妻がミルズ邸を十九世紀末に大改修した。

▼ジェームズ・ローズヴェルト(一八二八〜一九〇〇)　鉄道と炭鉱への投資で成功した裕福な実業家。晩年は心臓疾患のため床に伏しがちであった。遺産のほとんどを妻に残し、フランクリン・ローズヴェルトの取り分はわずかであった。

▼グローヴァー・クリーヴランド(一八三七〜一九〇八)　第二二代および二四代大統領(一八八五〜八九、一八九三〜九七)。自由放任主義的傾向が強く、共和党と比較的近い立場をとった。経済界から強い支持をえた。

初に受けた本格的な学校教育は、一八九六年秋、十四歳で入学したボストン近郊にあるグロートン校というイギリス流の男子寄宿学校であった。グロートン校は八四年に創設されたばかりで、キリスト教的な紳士、高潔な人格と健全な教養を備えた人間を輩出しようとしていた。卒業生にはハリマン、アチソン、グルーなどがいて、同時代のエリートが集まっていた。ここでは紳士による公共への奉仕の重要性を学び、ローズヴェルトは実際に社会の底辺の人々のための奉仕活動に参加した。彼はのちに、「ニューディール原理のあるものはグロートン校の精神に由来する」と述べている。

　ローズヴェルトが同年代の若者多数とはじめて交わったのもグロートン校においてであった。彼にとって、ここでの生活は大きな衝撃であった。彼は同級生より二年遅れて入学したこともあり、温和を取りつくろいながらも、ますます自己防衛のために自分の真意をかくす術を覚えた。勉強はそこそこできたが「フランクおじさん」と呼ばれ、ややアウトサイダー的存在であった。

▼アヴェレル・ハリマン（一八九一～一九八六）　第二次世界大戦終了時の駐ソ連大使。その後商務長官、ニューヨーク州知事、国務次官などを歴任した。

▼ディーン・アチソン（一八九三～一九七一）　一九四九～五三年まで国務長官を務め、北大西洋条約機構（NATO）結成などに尽力した。

▼ジョゼフ・グルー（一八八〇～一九六五）　職業外交官。一九三二～四一年まで駐日大使。ほかに国務次官を務める。日米開戦回避に努め、また日米親善に尽力した。

大学進学と結婚

ローズヴェルトがハーヴァード大学に進んだ一九〇〇年に父が他界した。七二歳であった。この頃、彼はローズヴェルト家について、次のような興味深い文章を記している。

〔ローズヴェルト〕一族に属する者は、自分が有利な地位に生まれたからといって、いたずらにポケットに手をつっこんだままで成功できるなどと思ったことは、いまだかつてない。むしろ、有利な地位に生まれたがゆえに、もし社会から課せられた自分の義務をはたさないならば、申し訳が立たないと、彼らは思ってきた。

若干外向きの優等生的意見表明だが、ローズヴェルトが大学生の時にすでに「ノブレス・オブリージュ▲」の倫理をよく吸収していたことがみてとれる。自分の高校生活を失敗と感じていたローズヴェルトは、大学では友人をつくり、役職に立候補した。学生新聞『ハーヴァード・クリムゾン』の会長にも当選した。この頃、彼はすでに大統領になっていたセオドア・ローズヴェルトへの憧れを強めた。

▼**ノブレス・オブリージュ**　高貴なる者の義務を指す。すなわち貴族のように恵まれた境遇に生まれた者は、より恵まれない人々や国民のために奉仕・貢献しなければならないという倫理。典型的にはイギリスなど身分制社会をもつヨーロッパにおいて共有されていた倫理観。

母サラはローズヴェルトを溺愛した。わが子に対する彼女の支配欲も強烈で、一九四一年に他界するまで家計を自分で握ったまま息子にまかせなかった。大統領ローズヴェルトは、実は母から「お小遣い」をもらっていたのである。

母の気持ちをローズヴェルトも十分すぎるほど理解していたはずであるが、それは彼にとって重荷でもあった。ローズヴェルトの心の片隅に、母からの独立願望が存在したとしても不思議ではない。一九〇三年十一月のとある日、ローズヴェルトは九親等という遠縁にあたるアンナ・エレナー・ローズヴェルト▲（以下エレナーと表記）と結婚したい旨母に伝えた。

ローズヴェルトは優柔不断にみえるが、ときに断固とした行動にでる。母にとって青天の霹靂であったが、この程度で「負ける」母ではなかった。母は新婚夫婦のために、最初のニューヨーク市の家を購入したが、夫婦に子どもができたのちの二番目の家として母が用意したのは、一棟は自分用、もう一棟は息子夫婦一家用のいわば二世帯住宅であり、これはエレナーにとって衝撃以外のなにものでもなかった。間にはさまったローズヴェルトはなす術なく、陽気な無頓着さをもって対応した。この後政治家としてもしばしばとった対応策である。

▼アンナ・エレナー・ローズヴェルト（一八八四〜一九六二）　父はセオドア・ローズヴェルトの弟。一九〇四年十二月に婚約を公表し、〇五年三月に結婚式を挙行。立会人はセオドア・ローズヴェルト大統領であった。活動派の大統領夫人となり、政策にも大きな影響を与えた。国連人権委員会初代議長（一九四六〜五二）。

政界への道

一九〇四年秋、ローズヴェルトはコロンビア大学ロー・スクールに入学し、〇七年春、ニューヨーク州弁護士試験に合格した。彼は法律家としての生活を始めたものの、法律業務に心が躍ることはなく、セオドア・ローズヴェルトへの傾倒が強まるばかりであった。

セオドア・ローズヴェルトは政治的経歴をニューヨーク州議会下院議員から始めたが、フランクリンも縁あって同じニューヨーク州議会の上院議員が政界への入口となった。一〇年の州議会選挙に向けて、ニューヨーク州ダッチェス・カウンティ▲の民主党組織は自ら選挙資金を拠出できる地方紳士を探しており、ローズヴェルトに声をかけたところ、彼はそれに応じて立候補した。南北戦争後民主党が一回しか勝ったことがなかったこの選挙区で、ローズヴェルトは当選をはたした。

州議会では、セオドア・ローズヴェルトが熱心に推進していた天然資源の保全に自らも強い関心を寄せ、さらに一二年には労働立法期成同盟の創設発起人になり、労働者保護のための活動も積極的に展開した。

▼**ダッチェス・カウンティ**　ニューヨーク州を構成するカウンティの一つ。同州南西部、ハドソン川中流のハドソン渓谷にあり、西側はハドソン川、東側は同州とコネティカット州の境界線に接する。

ローズヴェルトは一二年の大統領選挙にあたって当初から、血縁より政党への忠誠心を優先してセオドア・ローズヴェルトでなく民主党のウィルソンを強く支持した。ウィルソンは全国だけでなくニューヨーク州でも勝利をおさめた。このことも要因となってローズヴェルトはウィルソン政権の海軍次官に任命された。これはセオドア・ローズヴェルトがかつて務めた職にほかならず、ローズヴェルト自身熱望していた職であった。幼い頃から彼は船と海を愛し、十代の初めにマハン提督▲の書を読み、海軍力の重要性を認識していたのである。

その後、ローズヴェルトはニューヨーク州知事をへて、三三年、大統領に就任する。州知事出身の大統領は彼以前にも以後にも、決して珍しくない。しかし、連邦政府の要職を経験して大統領に就任した例は、二十世紀に入ってからは数名のみである。

病気との闘い

一九二〇年、ローズヴェルトは三八歳にして民主党副大統領候補に指名された。落選であったが、ここまで順風満帆に政治の道を歩んできた。ところが、

▼アルフレッド・セイヤー・マハン（一八四〇～一九一四）　アメリカの海軍軍人で軍事史家。著書『海上権力史論』は日本を含めて多くの国の戦略に影響を与えた。

翌二一年、三九歳の時に彼はポリオ(小児麻痺)にかかって半身不随となり、療養に専念せざるをえなくなった。政治家としての経歴も終わったと思われた。しかし彼は各地の民主党指導者との連絡を保ち、政治の世界に踏みとどまった。本人の代理として、全国を駆けまわったのは妻エレナーであった。

それまでローズヴェルトは、水泳、ヨット、テニス、ゴルフ、ランニング、乗馬などを楽しんでいたが、これらの楽しみのほとんどを病気によって失った。一方で、ハンディキャップを負った人々に対する共感を深め、尊大さ、独善性、底の浅さは影をひそめた。

ローズヴェルトは本好きではあったが、難解な哲学書を読んだ気配はない。好んで読んだのはアメリカ史、航海や船に関するものであり、とくに新聞をむさぼり読んだ▲。パーキンス▲はある時ローズヴェルトが一人の青年に哲学についての質問に答えているのを耳にした。答えは、「私はキリスト教徒であり民主党員だ。それだけだ。」であった。ローズヴェルトの思想にとくに深い哲学的背景があるわけではなかった。

二八年、民主党大統領候補に指名されたスミス▲は、強くローズヴェルトにニ

▼ローズヴェルトの読書　ダーウィン、ヘーゲル、マルクス、トルストイ、シュペンクラー、ヘンリー・アダムズなどを読んだ気配はないとジャーナリストのジョン・ガンサーは書いている。

▼フランシス・パーキンス(一八八〇〜一九六五)　アメリカ史上初の女性閣僚として労働長官を務めた(一九三三〜四五)。社会保障制度の創設にとくに力を入れた。

▼アル・スミス(一八七三〜一九四四)　ニューヨーク州知事を四期務めた(一九一九〜二〇、二三〜二八)。アイルランド移民でカトリック教徒であったが、彼らの票をとりまとめてニューヨーク州政界をのぼり詰めた。ローズヴェルトは二四年六月二十六日、民主党全国党大会において、ニューヨーク州知事のスミスを同党大統領候補に推薦する演説をおこなう(結局スミスは指名されず)。これが二一〜二八年の七年間のポリオからの恢復期になされた唯一の重要な演説である。二八年、カトリック教徒では主要政党で最初に大統領候補に指名された。

●ウォームスプリングズのローズヴェルト　ローズヴェルトが頻繁に療養生活を送ったのはジョージア州ウォームスプリングズの温泉であり、これによって南部黒人の貧困の実態も知ることになった。彼はこの地に私財を投じてウォームスプリングズ財団というリハビリセンターを設立している。

結局自力で歩行できるまで回復しなかった彼は、車いす生活者の劣等感を否応なく感じざるをえなかった。同時にそれを隠すユーモアと話術も会得した。ある時、ローズヴェルトは息子のジェームズに、「お父さんがこんなに仕事ができるのは、脚で時間を無駄に使うことがないからだよ」といったというエピソードもある。

●ローズヴェルトと母サラ　母親の強い支配下にあり、その溺愛を甘受していたローズヴェルトは、グロートンの学友からはやや幼くみられた。

●ローズヴェルトと妻エレナー　エレナーは夫の政治活動には協力したが、彼が犯した不倫ゆえに、夫婦としての関係は絶ったといわれている。離婚にいたらなかった理由の一つは、ローズヴェルトの母が財産の相続を拒否すると威嚇して、それを許さなかったからである。

ユーヨーク州知事に立候補することを要請した。ローズヴェルトと同時に選挙戦を展開すればニューヨーク州での勝利の可能性が高まると期待したのである。ローズヴェルトは断れず受諾し当選したが、皮肉にも大統領選においてスミスは落選であった(同州でも敗北、当選は共和党のフーヴァー▲)。

かくしてニューヨーク州知事ローズヴェルトが誕生した。ローズヴェルトは民主党ニューヨーク市のマシーン▲による腐敗と戦いつつ、大恐慌勃発後は公共事業を通じた失業者救済などを実施して、州政府としては大胆な対策を講じた。彼は三〇年に大差で再選され、将来の大統領候補としての評価を高めた。ニューヨーク州での政策がニューディールの原点でもある。大枠として革新主義▲の思想に共鳴し、とくに連邦政府・州政府が大胆な役割をはたすことを支持した。

大恐慌に直面するアメリカ

二九年十月に始まった株式相場の暴落▲は、繁栄を謳歌していたアメリカ経済の様相を一変させただけでなく、政治のあり方も大きく変えた。国民が政府に何を求めるかのみならず、政府が国民に何を提供するかも大きく変化した。

▼ハーバート・フーヴァー(一八七四～一九六四)　第三一代大統領(在任一九二九～三三)。第三代商務長官。鉱山技師から富を築き、第一次世界大戦中のヨーロッパ諸国への食糧配給で手腕を発揮して名声を博した。

▼マシーン　アメリカの政党を支える堅固な規律をもつ下部組織をいう。とくに、アイルランド系カトリック教徒の票を束ねたニューヨーク市民主党の組織であるタマニー・ホールは有名であった。

▼革新主義　十九世紀末から二十世紀初頭にみられた改革運動。

▼株式相場の暴落　二九年九月三日にダウ工業株平均は最高値三八一・一七ドルをつけたが、その後急降下した。十月二十八日に約一三%下落して二六〇・六四ドルとなり、翌日には二三〇・〇七ドルまで落ちた。三二年七月八日にはついに四一・二二ドルにまで下がった。これは最高値から八九%の下落であった。

二〇年代のアメリカは繁栄のさなかにあったが、陰りも存在した。その一つは農業であり、農業価格の低迷のため、国民の約四分の一を占める農業者の所得は低いままであった。農業以外にも、造船、鉄道、石炭、住宅建設などの構造不況業種があった。好調であった自動車産業すら二九年四月から減産を強いられていた。このようななかで株価のみが経済の実態かけ離れて上昇し続けていたが、それが二九年十月に暴落したのである。

フーヴァー政権による大恐慌への対応には、連邦政府が金融機関に直接資金を提供する復興金融公庫の設立など、それなりに画期的な政策も含まれていた。しかし、結果で判断するかぎり、巨大な経済の落ち込みを前にして、政府の対応はまったく効果をもたなかった。当初株式相場の暴落で始まった経済の変調は実体経済の急激な縮小ももたらし、三一年あたりから金融機関の連鎖倒産まで起きた。失業率は二五%に達しようとしていた。

大恐慌の衝撃は、政府によるセーフティネット不在▲の時代であっただけに、今日の想像を絶するものがある。失業保険制度を用意している州も存在したが、大恐慌の破壊力の前にそのほとんどが破綻した。南北戦争時の北軍兵士などを

▼セーフティネット不在　アメリカではイギリスのような貴族制不在の下、自由放任と自助の価値観が強く、政府による福祉政策の発展は遅れていた。

▼エド・フリン（一八九一～一九五三）　ニューヨーク市ブロンクス地区の民主党組織を掌握して影響力をふるう。三二年当時はニューヨーク州務長官。ローズヴェルトとトルーマンを助ける。

▼ジェームズ・ファーリー（一八八八～一九七六）　三二年当時はニューヨーク州民主党委員長。その後民主党全国委員長・郵政長官も兼務。ローズヴェルトの州知事および三二・三六年大統領選挙を統括。四〇年に離反。

▼ルイス・ハウ（一八七一～一九三六）　ニューヨーク・ヘラルド紙記者。一九〇九年にローズヴェルトと出会い、彼の政治家としての将来性を確信して終生助言を続けた。

▼ジョン・ナンス・ガーナー（一八六八～一九六七）　第三二代副大統領（一九三三～四一）、連邦下院議長、連邦下院議員。テキサス州出身。ローズヴェルトと取引して副大統領となったが、ニューディールには非協力的であった。

例外とすると年金制度もなく、公的な生活保護制度も基本的にはなかった。

そのようななか、ローズヴェルトは三〇年十一月末、側近のフリン▲に自分が三二年に民主党大統領候補に指名されると信じていると語り、内々に立候補の意思表示をした。公的な立候補表明は三二年一月になされた。フリン、ファーリー▲、そしてハウ▲の三人組が政治家ローズヴェルトを支えた。

ローズヴェルトは、有権者とのコミュニケーションを重視した。ラジオを使用した炉辺談話（二二頁参照）はその本領発揮の例であったが、演説においてもどのような言葉を使用するかについて気を遣っていた。三二年の選挙戦で使用した「忘れられた人々」あるいは新規巻き直しないし再出発を意味する「ニューディール」などはその例である。「恐れなければならないのは、恐れそれ自身である」との第一期大統領就任演説の一節、あるいは「四つの自由」（後述）もそれに含まれる。ローズヴェルトは言葉の力を理解し、それを最大限活用した政治家であった。

共和党は現職のフーヴァーを再指名した。民主党ではローズヴェルトが首位を走り、テキサス州出身のガーナー下院議長▲とスミスがあとを追っていた。スミスがカトリックであったのと異なり、ローズヴェルトはプロテスタントであった。民主党全国党大会は三二年六月末に開催された。

指名争いにおいてローズヴェルトが優位に立っていることは明らかであったが、ローズヴェルトの支持票は代議員の最初の投票で三分の二に達せず▲、指名獲得の可能性はついえたとみえた瞬間すら存在した。しかしローズヴェルトは、ガーナーが指名争いから撤退してローズヴェルトを支持することと引き換えに彼を副大統領候補にするという取引を成立させ、四回目の投票で三分の二の代議員の支持を確保することに成功した。

ローズヴェルトは指名獲得決定後、飛行機にてシカゴの党大会会場に飛び、三二年七月二日、指名受諾演説をおこなった。指名された候補者が会場に出向いて受諾演説をおこなったのは、はじめてのことであった（ローズヴェルトはしばしば伝統に背いたが、これはその一例である）。この演説で彼は、「私はみなさんに、そして私自身に、アメリカ国民のためのニューディールを約束します」と述べ、はじめて「ニューディール」という言葉を使った。

ローズヴェルトとスミス　スミスはニューヨーク州政治においてローズヴェルトの先輩・指南役そして兄貴分的存在であったが、三二年選挙でライバルとなった。

▼民主党の代議員票の三分の二規定　民主党全国党大会は大統領候補指名に関して、代議員票の三分の二の特別多数制度を採用しており、それを突破するのは容易でなかった。この規則は三六年に改正され、過半数での指名となった。これは基本的には条約批准での上院の三分の二条項同様、南部に拒否権を与えるための制度であった。

②—ニューディール

ローズヴェルトの思想と構想

ローズヴェルトは一九三二年の選挙戦の段階で、詳細な大恐慌克服策をいだいていたわけではなかった。たしかに、セオドア・ローズヴェルトの指導力と、連邦行政部主導の改革をめざした彼のニュー・ナショナリズム▲の思想に魅惑されていた。自分のかつてのボス、ウィルソンもニュー・フリーダムのスローガンを掲げた改革派であり、多数の実績を残した。ただし、こちらは原理的には一八三〇年代の小農民中心のジャクソニアンの時代を理想としており、組織化の時代に前向きに対応しようとしたニュー・ナショナリズムと真っ向から衝突する部分もあった。

しかしローズヴェルトは、大恐慌に対応するための検討は進めていた。具体的には、コロンビア大学の教員らを頼り、さまざまな助言をえていた。そのグループはブレーン・トラストと呼ばれた。

ローズヴェルトの初期のブレーンとしては、タグウェル▲、モーリー▲、バーリ▲

▼ニュー・ナショナリズムとニュー・フリーダム　二十世紀初頭、前者はセオドア・ローズヴェルト、後者はウッドロー・ウィルソンによって提唱された政策構想。どちらも連邦政府がそれまで以上に大きな権限を発揮することを求めていたが、前者は巨大企業の存在や福祉国家を容認したのに対し、後者はそれらに対し否定的であった。

▼レクスフォード・タグウェル（一八九一〜一九七九）　経済学者でコロンビア大学教授。ローズヴェルトに農業政策などを助言し、農務次官などを務めた。政府による計画の重要性を強調した。

らがよく知られている。このように知識人を周囲に配置し、彼らからの政策的助言に頼ったことも、ローズヴェルトの実験的・革新的な気質の表れであった。

　ローズヴェルトは選挙戦で政策の具体案についてあまり語らなかったが、三二年九月二十三日にサンフランシスコのコモンウェルス・クラブでおこなった演説は、新政権の基本的な発想を伝えるものであった。現下の課題はより多く生産することではなく、生産と消費の水準を合わせることであると指摘し、そのためには開明的な行政が必要であると彼は主張していた。これは、実際に翌年から着手された工業と農業における生産調整政策を予感させる発言であった。三二年秋頃までに、大胆な対策を打ち出す準備がなされていた。

　このように、さまざまな方法をともかく試してみようとするローズヴェルトの実験指向的発想は、未経験の危機への対応に適していた。もっとも彼は、財政政策については伝統的な考え方にこだわっていた。彼はフーヴァーを放漫財政論者として批判したし、彼の公約は、失業者に対する支援を増やすが、連邦政府支出は二〇％削減するというものであった。両候補とも健全財政を訴えていたため、もしも宇宙人が三二年のアメリカの大統領選挙戦を観察したならば、

▼レイモンド・モーリー（一八八六〜一九七五）　政治経済学者でコロンビア大学教授。ローズヴェルトの就任演説などの草稿を執筆。しかし一九三〇年代後半にニューディールに批判的になった。

▼アドルフ・バーリ（一八九五〜一九七一）　会社法を専門とする法学者でコロンビア大学教授。ローズヴェルトのブレーンを務めるとともに、国務次官補、ブラジル大使なども歴任した。

唯一の違いは禁酒▲についてだけであっただろうとも論評された。

政党政治の再編

三〇年代は政党再編▲の時代であった。結果的に民主党がニューディールをへて六〇年代後半にいたるまで長期的な多数党になることに成功したが、それは必ずしも必然ではなかった。

二十世紀初頭から、共和党内ではセオドア・ローズヴェルトに代表される改革派の政治家が台頭していた。二〇年代に保守派が同党の主導権を奪還したとはいえ、共和党内には中西部・西部出身議員を中心に、依然無視しがたい強力な革新派勢力が存在していた。もし大恐慌勃発時により大胆な革新派共和党員がホワイトハウスの主であれば、民主党でなく共和党がより革新的あるいはリベラルな政党に変貌したとしてもおかしくなかった。

二〇年代には依然として革新主義の名残りが存在していた。二四年大統領選挙では革新党が共和党から分かれた。テネシー川流域開発公社▲(TVA、三七頁参照)の先駆けとなるマッスルショールズ法案も、共和党革新派上院議員ノリ

▼禁酒　合衆国憲法修正一八条(一九二〇年施行)により実施された。共和党が禁酒維持、民主党は撤廃の立場をとった。ちなみに禁酒を定めた憲法修正条項は三三年に撤廃。

▼政党再編　政党の力関係と支持基盤が大きく変化すること。十八世紀末から一八二八年まではリパブリカン派の優位、一八二八〜六〇年までは民主党が優位、一八六〇〜九六年までは新興の共和党が民主党と競いわずかに優位、一八九六〜一九三二年までは共和党が圧倒的に優位、そして一九三二〜六八年までは民主党の優位となる。それ以降は明確な再編の時期を確定しにくい。

▼テネシー川流域開発公社　三三年にローズヴェルト政権のもとでニューディール政策の一つとして成立。連邦政府が公社を設置し、発電・治水・肥料生産など多目的のダムを建設した。

▼ジョージ・ノリス(一八六一〜一九四四)　ネブラスカ州から下院議員・上院議員に選出された。ほとんどの期間共和党員であったが、最後

スによって提案され続け、議会で強い支持を集めていた。連邦政府が農産物価格を支持するマクネアリー＝ハウゲン法案も二度議会を通過した。

逆に民主党は、かつてブライアンを支持し人民党に共感する中西部小農民層が党内左派を形成していたものの、南部では人種差別を支持し、北部においても十九世紀後半にクリーヴランド政権を支えた保守派経済界の力はそれほど衰えていなかった。したがって、一九三〇年代に民主党がなるべくしてリベラルな政党になったと決めつけるのは妥当でない。

このような文脈で振り返ると、二九年から三三年三月までフーヴァーが大恐慌にほとんど効果的に対応できず、南北戦争後ほぼ恒常的に少数党であった民主党所属のローズヴェルトが柔軟な思考の持ち主であったことは、歴史の偶然とはいえ意味深長である。ローズヴェルトは、彼自身も含めてそれまでほとんどのアメリカ人が想像もしなかった方向にアメリカ政治を突き動かしていった。

このように政党政治が流動的な情勢で、ローズヴェルトはイッキーズ、ウォーレス、ウッディンという三人の共和党革新派を閣内に迎え、この勢力を民主党に取り込もうとした。

は無所属に転じた。共和党員であった時でもニューディール政策を強く支持した。

▼マクネアリー＝ハウゲン法案　主要農産物価格を支持するために連邦政府が高値で買い上げ、それを海外に安く販売しようとする法案。クーリッジ大統領が二回とも拒否権を行使して不成立。

▼ウィリアム・ジェニングズ・ブライアン（一八六〇〜一九二五）　一八九六年から三回民主党大統領候補に指名されたがいずれも落選。ウィルソン大統領のもとで国務長官を務める。小農民の強い支持を受け、一八九六年選挙では人民党の支持もえた。

▼人民党　民主党・共和党からなる二大政党制の下で南部と中西部の農民が中心となって一八九一年に立ち上げた第三政党。

▼ハロルド・イッキーズ（一八七四〜一九五二）　ローズヴェルトおよびトルーマン政権で一三年間内務長官を務めた。ニューディールを強く支持し、人種差別解消にも尽力した。

三二年の大統領選挙はローズヴェルトの圧勝であった。▲民主党は南北戦争以来の地盤であった南部で圧勝したうえ、共和党の地盤であるニューイングランド地域でも善戦した。議会選挙も民主党の圧勝であり、新しい政党制の誕生を予感させた。ただし、ここでの民主党の勝利は、まだ共和党フーヴァー政権に対する反発という面が強かった。

就任演説において、ローズヴェルトは訴えた。「われわれが必要としているのは、行動、それもいま行動することなのです」。かくして、ニューディールが始動した。

金融危機への対応と失業者対策

三三年三月にローズヴェルト政権は発足▲したが、それはまさに危機のさなかのことであった。三〇年から始まった中小銀行の破綻は、三二〜三三年にかけて最大規模の銀行の取付け騒ぎにまで発展した。三二年からは銀行の倒産が顕著になり、金融危機の様相も呈し始めていた。ローズヴェルトが大統領に就任した三月四日には、金融の中心地ニューヨークとイリノイ(シカゴの所在地)の

▼ヘンリー・A・ウォーレス（一八八八〜一九六五） ローズヴェルト政権で農務長官および副大統領・商務長官を務めた。トルーマン政権にも商務長官として残留したがトルーマンによって解任され、四八年進歩党から大統領選挙に立候補した（落選）。

▼ウィリアム・ウッディン（一八六八〜一九三四） ローズヴェルト政権で財務長官を務めた。三二年の選挙ではローズヴェルトを強く支持した。

▼ローズヴェルトの圧勝 大統領選挙人票で、彼は五三一票のうち四七二票を獲得し、五九票しか獲得できなかったフーヴァーを圧倒した。得票率は五七・四一％に達した。

▼大統領就任日 三三年当時、大統領就任日は大統領選挙の翌年の三月四日と定められていた。その時点で憲法修正案が審議中であったが、その後成立し、三六年から一月二十日となった。

州知事は州内の銀行を閉鎖した。アメリカの金融制度はほぼ完全に麻痺した。

ローズヴェルトは対敵通商法▲に依拠して三月六〜九日まで「全国銀行休日」（銀行の窓口閉鎖）を宣言し、その間議会に新立法の制定を要請した。新制度においては、財務長官がどの銀行が安全に業務に復帰できるかを決定できることになっていた。ローズヴェルトは三月十二日、彼の最初の炉辺談話において、「お金をマットレスの下においておくより再開を許可された銀行に預けたほうが安全です」と語り、国民を安心させた。再開初日、預金額は引き出し額を上回った。大統領の断固たる行動と賭けは成功した。一カ月以内に全銀行の七〇％が営業を再開した。

後世の左派系歴史家の一部は、彼が銀行国有化の絶好の機会を見のがしたと批判したが、当時の急進的政治家であったラフォレット二世▲上院議員らですら、政府によるより厳格な監督を求めていたにすぎない。

ちなみに、ラジオをつうじて国民に直接語りかける炉辺談話▲も、ローズヴェルトがはじめて実践した革新的な政治手法であった。その名前は暖炉の前でくつろぎながら気軽に国民に聞いていてほしいとの希望が込められている。彼がとき

▼**対敵通商法** The Trading with the Enemy Act of 1917　第一次世界大戦時に成立した法律であり、平時での発動は必ずしも想定されていなかった。

▼**ロバート・ラフォレット二世**（一八九五〜一九五三）　二五年から四七年まで上院議員（ウィスコンシン州選出）を務めた。ニューディールを支持したが、外交では孤立主義的であったためローズヴェルトと対立した。父はウィスコンシン州知事と同州選出上院議員を務めた。

▼**炉辺談話** fireside chat　一二年余りの在任中三〇回程度おこなわれたのみで、ローズヴェルトは回数を増やすことには慎重であった。ただし、二七回という説もある。三回は録音無しであった。アメリカでは三二年当時約一八〇〇万台のラジオが存在しており、全世帯の半数以上がラジオを保有していた。

▼連邦緊急救済局　Federal Emergency Relief Administration: ＦＥＲＡ（一九三三〜三五）

▼文民雇用局　Civil Works Administration: ＣＷＡ（一九三三〜三四）

▼雇用促進局　Works Progress Administration: ＷＰＡ（一九三五〜四三）

に大衆政治家と呼ばれた理由の一つである。

銀行対策についで緊急性を有したのは、なんといっても大量の失業者の救済であった。しかし、これは連邦政府にとって未経験の領域であり、試行錯誤の連続であった。担当官庁も連邦緊急救済局（ＦＥＲＡ）▲、文民雇用局（ＣＷＡ）▲、そして雇用促進局（ＷＰＡ）▲とめまぐるしく変わっていく。

ローズヴェルト政権は三三年にＦＥＲＡを設置し、そのもとでアメリカ史上はじめて、失業者救済のために連邦政府が州政府に直接現金を提供した。しかしすぐにこれでは不十分なことが明らかになったため、連邦政府のなかにＣＷＡを、そしてその後ＷＰＡを設立して、連邦政府が自ら失業者に仕事を提供し、現金を手渡した。最終的には、三〇年代において、四六〇〇万人以上のアメリカ国民、すなわち人口の約三五％の人々が、公的な支援を受け取っていた。大恐慌のさなかラフォレット二世ですら、連邦政府は直接失業者雇用に着手すべきでなく、州政府に資金援助をすればそれで十分であると述べていた。

ローズヴェルトからＦＥＲＡの運営を任されたホプキンズ▲は、貧困移民の子どもを支援するセツルメント・ハウスでの勤務経験をもち、ニューヨーク州の

▼ハリー・ホプキンズ（一八九〇〜一九四六）　ニューヨーク市での社会福祉・公衆衛生事業に従事し、ニューヨーク州失業対策事業担当時にローズヴェルト知事に信頼され、ニューディールの失業対策担当者に抜擢される。ローズヴェルトは自分の後継者と期待していた可能性が高いが、胃がんにかかり、商務長官を務めたのち外交助言者に転じた。

▼勤労救済 work relief　失業者救済として、単に現金を与えるのでなく、勤労させその対価として支払う方式。財産収入試験もなく、救済者名簿に登載される必要もない。

社会事業での仕事も経験した、大都市において移民支援策を支持する立場を代表する人物であった。ローズヴェルト政権内で、ホプキンズは顕著な実績をあげ、ニューディール・リベラリズムを象徴する政治家となった。

三三年三月当初の予想に反し、同年十月間近になっても失業者数は一向に減らず、冬をこさせるにはより大きな施策が必要であった。別の問題として、FERAの支援を受けるためには財産収入の点での認定を受けねばならず、受給者にとってそれは屈辱的であったし、ホプキンズもそれが不満であった。そこでホプキンズは大統領の同意をえ、四億ドルを確保し、一〇〇％連邦政府の事業としてCWAを立ち上げた。そこで彼は勤労救済▲を実施した。「彼に施しをすれば、彼の肉体を救済するが、精神を破壊する。彼に仕事を与え、一定の賃金を支払えば、肉体とともに精神も救済するのだ」(ホプキンズ)。

その結果、クリスマスまでに三五〇万人、三四年一月半ばまでに四二〇万人が雇用された。仕事の九五％は道路の建設・修復ならびに公共施設の建設・修理であった。ところが、ローズヴェルトはその予算規模が過大であると判断して三四年春CWA事業の段階的解消を命じた。しかしホプキンズはあきらめな

WPAの活動　WPAの「連邦演劇プロジェクト」の一つ「ニューヨークユダヤ劇場」の公演。WPAは多数の芸術家も支援した。

かった。ふたたび説得されたローズヴェルトは三五年、議会に四八億ドルの雇用計画支出を求めた。それは施しではなく勤労救済方式の雇用促進政策として、WPAという新設の連邦官庁のもとで実施された。

　WPAは四三年に廃止されるまで八〇〇万人以上を雇用したが、それはアメリカの労働人口の約五分の一であった。その対象は主として建設業務であり、ブルーカラーの人々であったが、ホワイトカラー労働者、女性、若者、そして黒人も対象となった。芸術家に対する支援もあり、ポロックなどもその恩恵を受けた。エレナーの要請を受けてWPAはおおよそ三〇～四〇万人の女性の雇用を促進したが、それはWPAによる雇用者の一二～一九％を占めていた。

　やはりエレナーからの助言もあり、ホプキンズは、WPAにおいて黒人を差別しないことを徐々に重要な目標に格上げしていった。北部では効果をあげ、州・地方政府による差別が普通であった黒人に大きな恩恵をもたらした。これが、北部黒人の政治的忠誠心が四年遅れて共和党から民主党にきりかわった大きな理由であった。

　なお、ローズヴェルト自身の構想にもとづき三三年四月、文民資源保全隊

(CCC)▲が設置された。CCCは森林管理、土壌保全事業などを実施し、成年男子の失業者をキャンプ生活など軍隊的規律のもとにおきながら職を与えた。四二年に廃止されるまで、三〇〇万人以上が参加した。

　連邦政府が一時的に公共事業のため支出を増やすことについては、幅広い合意が成立した。ただ、賛同者たちはのちのケインズ主義者たちと異なり、意図的に規模の大きい財政赤字を引きおこすことの是非にまで思索を及ぼしていなかった。

　この頃もっとも人気があった恐慌対策は、じつは職を分け合う案であった。すなわち、一人あたりの週労働時間を例えば三〇時間に制限して、多数の人が雇用されるようにするという提案である。この提案の難点は、購買力を生み出さないことである。全国産業復興法(一一六頁参照)案の公正競争協約に関する部分において、標準的な賃金と労働時間についての規定が盛り込まれることになったのは、まさにこの案を潰すためであった。

▼ジャクソン・ポロック(一九一二〜五六)　抽象表現主義の代表的画家であった。アクション・ペインティングとも呼ばれた。三五年から四二年までWPAの連邦美術計画に壁画で参加した。

▼文民資源保全隊　Civilian Conservation Corps: CCC　写真は国立公園内の森林管理の様子。

経済復興対策

工業部門の立て直しについて、合意はほとんど存在しなかった。過度な競争から産業界を保護する必要を説く意見もあったが、逆にもっと徹底した反トラスト政策▲の採用を要求する声もあった。巨額の政府支出と徹底した歳出削減の両論が併存していた。労働時間を一週間あたり三〇時間までに制限するよう求める意見は議会に強かった。それに対して、ケインズ的解決策▲や金融緩和といった今日よく知られている対応策は未知であった。かくして、政府による意図的な赤字財政出動という選択肢を知らない政策当局者が、異なった意見が提案されるなかでどのように景気立て直しを構想するかという興味深い状況が出現した。

これら矛盾する圧力のいわば総和的なものが、三三年六月に制定された全国産業復興法(NIRA)▲であった。これは次のような内容となっていた。特定産業における不公正競争をなくすことを目的に公正競争規約を策定する。標準的賃金と労働時間を規定し、労働者に団体交渉権を保障する。この規約のもとにおかれる産業は反トラスト法の適用から除外される。加えて、公共事業のため

▼反トラスト政策　十九世紀末からアメリカで強く支持された政策で、巨大企業による市場独占を取り締まろうとした。元来中小企業しか存在しなかったなかで十九世紀後半から急に巨大企業が登場したことに対する反発が原因であった。ウッドロー・ウィルソンは反トラスト政策で徹底的に大企業を解体することを提唱したが、セオドア・ローズヴェルトは悪質なものに限定した規制を提唱した。

▼ケインズ的解決策　景気後退あるいは恐慌克服策として、政府が大規模な支出を実施して、意図的に財政赤字をつくり出す政策を展開する。この政策案は一九三〇年代のアメリカでは知られていなかったが、これに近い政策は小規模に実施された。

▼全国産業復興法　the National Industrial Recovery Act: NIRA

に三三億ドルが二年間にわたって支出される。

法案作成過程で影響力をもったのは、ブレーンのモーリーとジョンソン▲であった。彼らは、大恐慌の原因は少数企業による市場の独占ではなく、破壊的な競争にあると考えた。企業を反トラスト法の適用から除外することで競争を緩和し、同じ業種内で同調して製品の価格を上げ、企業の利潤を増やし、賃金を上昇させる。その連鎖で景気の回復をはかるという発想である。これは、ウィルソン元大統領に代表される反トラストの思想と真っ向から対立する考え方であった。

ＮＩＲＡは三三年六月になんとか可決された。上院での票差は四六対三九であり、「最初の百日間」▲の立法のなかでは例外的に薄氷の勝利であった。ＮＩＲＡのもとで全国産業復興局（ＮＲＡ）▲が設置され、その局長にはジョンソンが任命された。ＮＲＡの公正規約作成作業には三三年八月頃から鉄鋼・自動車などの主要産業が参加しはじめ、最終的には五五七にのぼる業種が加わった（すなわち規約を作成し、承認を受けた）。雇用主数にして数百万人、労働者数で二二〇〇万人規模となった。物価は上昇しはじめ、三四年初めから経済は回復基

▼ヒュー・ジョンソン（一八八二〜一九四二）　ローズヴェルトの初期のブレーンの一人。多数の演説を執筆した。ＮＩＲＡ長官を務めたが三四年に解任された。

▼最初の百日間　ローズヴェルト就任後約三カ月間。ここで多数の法律が可決された。その後の大統領が目標とするようになるが、達成は容易でない。

▼全国産業復興局　National Recovery Administration: ＮＲＡ

▼**公共事業局**　Public Works Administration：ＰＷＡ
イッキーズ(左)　汚職を排除した清廉潔白な行政と人種平等実現への熱意で知られた(右はコーコラン)。

調に入りはじめた。

公正規約作成過程において主導権を握ったのは経営者であった。彼らは業種ごとの組織をもち、何を獲得する必要があるか理解しており、何より経営について必要な情報を独占していた。それに対して政府は情報も専門知識ももたず、夥しい規約承認作業に圧倒された。消費者と労働者はもっと弱い立場におかれた。結局、規約が価格を上昇させたにもかかわらず、賃金引き上げも国民の購買力強化ももたらさなかったため、ＮＲＡは支持者を確実に失っていった。

もっとも驚くべき点は、経済界自身ＮＲＡを厳しく批判したことである。多数の事務手続きや官僚制に対する反発が確かに存在していた。中小企業の反発も存在した。しかし、批判は大企業からも寄せられた。商工会議所、鉄鋼、自動車、ゴム、そして化学産業なども反対した。経営者が支配しているＮＲＡをなぜ経営者自身が攻撃したのか不思議にみえるが、圧倒的多数の経営者は、ＮＲＡが企業の経営自主権を脅かすものになると恐れたのである。

なお、ＮＩＲＡのもとで公共事業局(ＰＷＡ)▲も設置され、内務長官イッキーズのもと失業者に雇用を提供するための公共事業(道路・橋・学校・病院などの建設)を推進した。国内で使用される年間のコンクリートの半分をPWA事業が消費したともいわれる。イッキーズは汚職のない慎重な行政にこだわり、また黒人に対する公正にも留意した。

NRAは元来二年間の時限立法で設置されていたが、それを待たず三五年五月の合衆国最高裁判所から違憲判決をくだされた。最高裁は、NIRAは合衆国憲法が容認する州際通商とはいえない取引を規制しようとしており、また規約作成権は立法府から行政府への不当で受け入れがたい権限の委譲であると断じたのである。かくして、景気回復のための壮大な実験は失敗に終わった。

農業を救う戦い

工業部門ではわずかな合意しか存在しなかったが、農業界においてはかなり幅広い合意が成立していた。農業はすでに二〇年代から農産物価格の低迷に悩んでいた。大きな戦争後の農業不況は、独立革命や南北戦争のあとにも起こっていて、アメリカ史をつうじた問題であったが、二〇年代の農業運動指導者は、議会で農業救済のためのマクネアリー＝ハウゲン法案(一九頁参照)を成立させ

▼**M・L・ウィルソン**（一八八五～一九六九）　ローズヴェルトおよびトルーマン大統領のもとで農務次官を務める。農業経済学者として農産物過剰生産問題への対応案を開発したことでローズヴェルトらから評価され、政権入りした。

▼**ポール・アプルビー**（一八九一～一九六三）　農務次官、ジャーナリスト、シラキュース大学マックスウェル市民行政大学院長などを務めた。とくに行政学者として広く知られている。

ることに成功した。この法案は二度可決されながら、いずれもクーリッジ大統領によって拒否権を発動され、不成立となった。

大恐慌勃発後、生産過剰の問題はますます深刻となった。このようななか、農業界では徐々にモンタナ州立大学のウィルソン▲の名前が知られるようになった。彼は生産削減の自主的努力と連邦政府からの誘因の提供、そして効果的な政策執行メカニズムの組み合わせからなる政策を考案したのである。すなわち、政府は生産削減に協力する農民に補助金を支払うが、協力するかしないかは自由とするというものであった。ウィルソン案はタグウェルと農業問題専門家ウォーレスをとおしてローズヴェルトにも支持されることになった。三二年九月のサンフランシスコ・コモンウェルスクラブでの演説で、ローズヴェルトは生産を消費の水準にあわせる必要性について言及していたが、その少なくとも一部はウィルソン案を念頭においていた。

ウォーレス農務長官は夢想家、神秘主義者などと呼ばれることもあったが、農業政策についての理解は堅実であった。ウォーレスのもと、農務省にはタグウェル、ウィルソン、有能な行政官であるアプルビー▲ほか優秀な経済学者も集い、ローズヴェルトの政権において農業政策をこえた影響力をもつことになった。ウォーレスは南部のシェアクロッパー▲の貧困問題や黒人に対する差別問題を知り、リベラル色を増していったが、同時にケインズ学説も吸収して、政権内で強力なケインズ主義政策の提唱者ともなり、三〇年代末には完全雇用経済構想を打ち上げた。

ローズヴェルトが大統領に就任した瞬間から、農業の救済に関してはウィルソン案が軸となっていた。ローズヴェルトは三三年三月十日招集された農業関係者の会合において、合意するまで退室禁止をいいわたし、即時の合意を迫った。そして、農民の代表者の総意として議会に提出された農業救済法案▲は、その年の五月に農業調整法(AAA)▲として成立し、これに基づいて農務省内に農業調整局(AAA)▲が設置された。

そこに降って沸いたのが、三六年一月の連邦最高裁判所による違憲判決であった。最高裁は、農業生産は連邦ではなく州の規制に服すべき地方的問題であり、また財源として徴収されている加工税は、一つの集団から他の集団に資金を不法に移転する違憲行為であると断じたのである。しかしながら、NRAの

▼シェアクロッパー　とくに南部の綿花農場において雇用された小作人。その多くは黒人であった。地主が土地と生産用具を小作人に貸し、収穫物をあらかじめ決められた割合で地主と小作人が分け合う制度。地主が小作人を経済的に支配する傾向が強い。

▼農業救済政策　農民の間では、ウィルソン案を基盤とした自主的作付制限事業への支持率は概して高かった。三五年の農民の投票では、小麦農家で賛成と反対の比率は六対一、トウモロコシ・養豚農家で八対一、たばこで九対一以上、綿花で九対一であり、圧倒的多数の農民から支持されていた。

▼農業調整法　Agricultural Adjustment Act: AAA

▼農業調整局　Agricultural Adjustment Administration: AAA

場合と政治的に異なっていたのは、ＮＲＡが違憲判決時にほとんどすべての支持者を失っていたのに対し、ＡＡＡは農民から圧倒的な支持をえていたことである。実際、ローズヴェルトの最初の任期が終わるまで(三七年一月二十日)、農家所得の総額は五〇%上昇し、農産物価格も上がり、農家負債も大幅に減っていた。

農務省はただちに、既存の土壌保全事業に依拠した土壌保全国内作付法を成立させ(三六年)、三八年には恒久的な第二次農業調整法が成立した。

農業界には階級的・人種的対立も存在した。一つは疲弊した土地で耕作を続ける貧農の問題であり、もう一つは多数が黒人である南部のシェアクロッパーの問題であった。前者については、痩せた土地を休耕にして約四五万人の農民をよりよい農地で耕作させる計画が提案され、三五年五月に再定住局(ＲＡ)▲が設立された。後者はより深刻であった。綿花の作付面積を受け入れた農民には政府から補償金が支払われたが、それは地主にのみ支払われ、小作農民には届かなかった。しかも地主は作付削減の実施とともに、不必要となった小作農民を解雇した。三五年にＡＡＡ内でこの問題をめぐって対立が発生し、ウォーレ

▼再定住局 Resettlement Administration: ＲＡ

ス農務長官は南部地主派を支持し、作付制限事業はそのまま推進された。ＲＡは、このようなかたちで解雇された小作農民に耕作の場を提供するという意味ももたされていた。小作農民は抗議運動を展開し、社会党のトマス▲も彼らを支援した。しかしウォーレスはこの後、徐々に南部の黒人シェアクロッパーの貧困と人種差別の問題に関心を強めていった。

　ローズヴェルトにとって最初の議会は三三年六月十六日に閉会した。開会からちょうど一〇〇日目であった。これほど質量とも多産であった議会はあとにも先にもないであろう。

草の根の急進主義

　ニューディールに対して、経済保守派のようにその過激さを批判する勢力も存在したが、その不十分さを指摘する人々もいた。例えば、ルイジアナ州選出上院議員（民主党）ロング▲は、ニューディール開始後しばらくしてからその不徹底さを批判するようになった。彼は白人・黒人両者からなる貧しい人々を支持基盤として、「われわれの財産分配」(Share Our Wealth)運動を起こした。これ

▼ノーマン・トマス（一八八四〜一九六八）　アメリカ社会党の指導者として六回大統領選挙に出馬。長老派教会牧師でもあった。

▼ヒューイ・ロング（一八九三〜一九三五）　ルイジアナ州知事、上院議員。ロングは南部の政治家として異彩を放っていた。当時の南部の白人政治家はほとんどが黒人に対する差別制度を支持していたのに対し、ロングは票の買収もおこないつつ、選挙登録税を撤廃するなどして黒人票を獲得しようとしていた。黒人差別主義者でないがゆえに、北部でも支持を伸ばす可能性をもっていた。ルイジアナ州では圧倒的な権力者、南部では異端の反逆者とみなされており、全国レベルでは大統領候補にもなりうる政治家であったが、三五年に暗殺されその野心は達成されなかった。

▼**フランシス・タウンゼンド**（一八六七〜一九六〇）　カリフォルニア州の医師かつ政治活動家。ローズヴェルト政権が実施した社会保障政策には不満で、それを正面から批判した。

は個人の財産を一定限度に制限する一方で、各家庭に五〇〇〇ドル相当の土地家屋と二五〇〇ドルの年収、そして高額の老齢年金を保障するという計画であった。ロングが組織した「われわれの財産分配クラブ」は、南部を中心にまたたく間に約二万七〇〇〇の支部をもつようになり、一時は四七〇万人の会員を擁するといわれた。ローズヴェルトはロングの人気に脅威を感じ、ロングが大統領選挙に出馬した場合の支持率等を調査するほどであった。

この時期、年金に対する関心が強かったことを示すもう一つの運動は、タウンゼンド医師▲による運動である。彼は六〇歳以上で無職の老人に月額二〇〇ドルを与える老齢年金計画を打ち上げて運動を開始し、二年のうちに約一五〇万人の会員をもつにいたった。年金制度の創設は高齢者にとって切実な願いであった。

このように、いわば草の根の急進主義が凄まじい勢いを示していたことは、当時の国民がニューディールの不十分さに不満を感じていたことの証左であろう。同時に、注目されるべきことは、それにもかかわらずこの時期、いわゆる既成のイデオロギー的左翼である共産党と社会党が不振であったことである。

▼中間選挙における与党敗北の法則　一九〇二年の中間選挙は総定数が増えたため一般化しにくいが、それでも野党民主党がより多くの議席を獲得したため、広い意味では法則があてはまる。

資本主義の危機という「好機」にもかかわらず、これら二党は、民主・共和の二大政党を選挙で脅かすことができなかった。ただし、共和党の失敗ののち、もし民主党も大恐慌への対応に失敗していれば、事態は少しばかり異なっていたかもしれない。

三四年十一月におこなわれた中間選挙は、異例の結果となった。共和党は下院で一三議席を失い、議席分布は民主党三二二、共和党一〇三、革新党・労働党一〇議席となった。上院では民主党の勢力は定数九八議席のところ六九に膨れ上がった。二十世紀に入ってからそれまでの中間選挙においては、与党は必ず下院において議席を減らしてきた（中間選挙における与党敗北の法則▲）。選挙結果は左旋回への待望のあらわれかもしれなかった。少なくともニューディールが開始早々、一般国民から強い支持を受けていたことは間違いない。

改革の始動

すでにみたように、三三年三月時点で緊急の課題であったのは、金融制度の安定化であり、ついで大量の失業者の救済であった。同時に、下落基調に歯止

TVAによる水源の提供（一九四二年）　TVA事業の一つ。テネシー州ヴァイルダー地域ではここが唯一の水の提供地であった。

めがかからない工業・農業製品の価格を下支えする仕組みを構築することが急がれた。しばしばニューディールの課題は、Relief（救済）、Recovery（経済復興）、Reform（改革）という三つのRによって表現されるが、これはある意味で理にかなっている。まずは失業者や金融制度の救済が最優先である。ついで（かつ同時に）景気そのものの立て直しに着手する必要がある（NIRAやAAA）。しかし、より長期的には、二度とこのような大恐慌を起こさせないようにアメリカの政治経済制度を構造的に改革する必要もあろう。富や権力の再配分も必要かもしれない。ニューディールはこれら三つすべてに取り組み、すべての取り組みで反対者が登場したが、とくに三つ目については強い反対に逢着した。

実際にはすでに一年目から、改革色の強い政策が実施されていた。一つは金融改革であった。三三年と三五年に銀行法が制定され、証券業務と銀行業務の分離が定められた一方で、不健全な金融慣行が禁止され、また連邦準備制度理事会に対する連邦政府による監督が強化された。証券・投資会社に対する批判も強まっていたため、三三年の証券法および三四年の証券取引法が制定された。前者は、証券の発行者に対して正確な情報を開示するように義務づけることで投資家を保護しようとしていた。後者は証券取引委員会を設置して、インサイダーによる株式市場の撹乱などを防止させることにした。

　三三年のTVA▲の設立も、多目的ではあったが、改革の一つであった。目的の一つは、連邦政府自らが安価な電力を供給することで、電力会社に政府から圧力をかけ値下げを促すことであった。ちなみにアメリカでは公益事業者の独占体質が長らく政治的な争点となっており、価格の高止まりが批判されていた。

　TVAは二〇のダムの建設による発電のほかに、治水、河川航行、周辺農村地域の改良事業、肥料の生産と提供、植林などをおこない、地元農民からも強く支持された。地元の市民に決定権が委譲された面も存在したが、TVAはローズヴェルト政権期に連邦政府が手がけた大規模で実験的な事業の一つであった。

第二次ニューディールへの進化・変容

　しばしば三五年からのニューディール政策は、「第二次ニューディール」▲と呼ばれる。その一つが社会保障政策である。ローズヴェルトがニューヨーク州

▼TVA拡大の試み　ローズヴェルトは政権二期目にTVAに類似したダム(小TVA)を建設しようとしたが、それは保守派の反対によって不成功に終わった。

▼第二次ニューディール諸政策の起源について　第二次ニューディールは第一次ニューディールとは性格を異にするものも多い。しかし、大規模な失業対策事業、年金・失業保険等の社会保障、労働立法、そして反トラストと累進課税など、第二次ニューディール主要政策の起源はさまざまであり、一般化にはなじみにくい。例えば、WPAについては、FERA、CWAの流れが重要であり、容易に解消しない大量の失業問題に対する連邦政府による直接の対応の結果であった。

知事時代からの腹心の部下パーキンスに労働長官就任を依頼した際、パーキンスは年金や失業保険などの社会保障制度を創設するのであれば受けるとの条件をつけ、ローズヴェルトがそれを受け入れたことで、方向性が提示されていた。三四年六月、ローズヴェルトはパーキンス労働長官を委員長とする経済保障委員会を任命した。全米労働総同盟（ＡＦＬ）▲は長らく失業保険制度に反対であり、自主的な努力を支持してきたが、大恐慌のなかで態度を変え、失業保険制度を支持するようになった。高齢者の運動もタウンゼンド医師によるものも含めてたしかに活気づいていた（ただし、彼の組織によって支持された法案は、連邦議会において圧倒的多数で否決されていた）。労働運動も全体としては、社会保障に強い関心を示していなかった。しかし、社会保険制度の専門家や活動家のみならず、多くの国民が老後や失業との関係で経済的安定を求めていたことは確かであった。

かくして、三五年一月大統領は議会に、三五〇万人の失業者に仕事を与えることになる緊急雇用計画とともに、社会保障の立法化を要請した。社会保障法案は、四月に下院で賛成三七二、反対三三、出席▲二、棄権二五、上院は六月に

▼全米労働総同盟　American Federation of Labor、一八八六年に結成された熟練工中心の労働組合。ＡＦＬ

▼「出席」　賛否を示さないものの定足数に加算される。

▼**老齢年金**　当時のアメリカ国民の平均寿命はおおよそ六〇歳であったが、年金の支給は六五歳からであった。また、健康保険は含まれていなかった。

賛成七七、反対六、棄権一二という圧倒的多数で可決された。未曽有の大恐慌のさなか、さもなければ非アメリカ的ともみなされた社会保障制度に対し、きわめて強い超党派の支持が生まれていたことがみてとれる。

本立法は、保険と援助の二つの柱からなる。保険については、失業保険と年金の二つである。失業保険手当は、連邦政府が税制によって誘因を提供し、直接的には州政府によって支給された。それに対して老齢年金▲は、純粋に連邦の事業とされた。雇用者と被用者双方が連邦の基金に拠出することになる。身体障害者や母子家庭などに対する支援は州政府の責任とされ、連邦政府は州政府による拠出に応じて財政支援を提供した。失業保険などでは州ごとの支給額の差が生じたほか、小企業、農業労働者、家政婦らが失業保険の、家政婦と農業労働者が年金の対象からはずされた。結果的には多数の女性と黒人がはずされることになった。社会保障法にはこのような弱点が存在したものの、それについては徐々に改善がはかられていった。

労働組合との政治的同盟

ニューディール開始まで、連邦政府は基本的には労働運動と労働組合に敵対的であり、同時に労働組合指導者自身政治に対してきわめて慎重かつ保守的であった。NIRAの第七条a項は労働者に団体交渉権を保障し、また全国労働委員会▲に労使間の調整を委ねたが、三三年、ストライキが頻発するなかで委員会が機能するのは、とりわけ強硬な経営者を従わせるのは困難であった。そのようななか、合衆国最高裁判所による違憲判決がくだされた。

ローズヴェルトは全国労働関係法(ワグナー法)を当初から支持していたわけではなかった。同法成立の最大の貢献者は、なんといってもワグナー上院議員▲(ニューヨーク州)であった。

ワグナー法はまず労働者に対して団結権と団体交渉権を認め、雇用者と労働者の力の均衡を回復することが不可欠であると前文で宣言した。団体交渉権については、関係する労働者が多数決原理によって自らを代表する組合を選ぶことが可能になり、その組合が独占的に交渉権をもつことになった。さらに、同法は会社が支配する組合を禁止し、使用者による不当労働行為を禁止した。

▼**全国労働委員会** National Labor Board　一九三四年に全国労働関係委員会(National Labor Relations Board：NLRB)として権限が強化された。

▼**ロバート・ワグナー**(一八七七〜一九五三)　ドイツ移民のワグナーはニューディール期に、低所得層に経済的安定を提供しようとする都市リベラリズムを象徴する政治家となった。法案はNLRBの官僚とワグナーによって準備されたが、それに対して当初ローズヴェルトもパーキンス労働長官もほとんど熱意を示さなかった。ワグナーの努力の結果、上下両院での可決はほぼ確実な状況となり、しかも合衆国最高裁判所による NIRA違憲判決が出されて他の手段が封じられたあとになってようやく、ローズヴェルトはこの法案を支持したにすぎない。

●**労働者の組織率、組合員数**　一九三三年、労働組合員の総数は二八〇万人程度であったが、四一年には一〇二〇万人となり、非農業労働者人口における組織率は三三年の一一％から四一年の二八％にはねあがった。

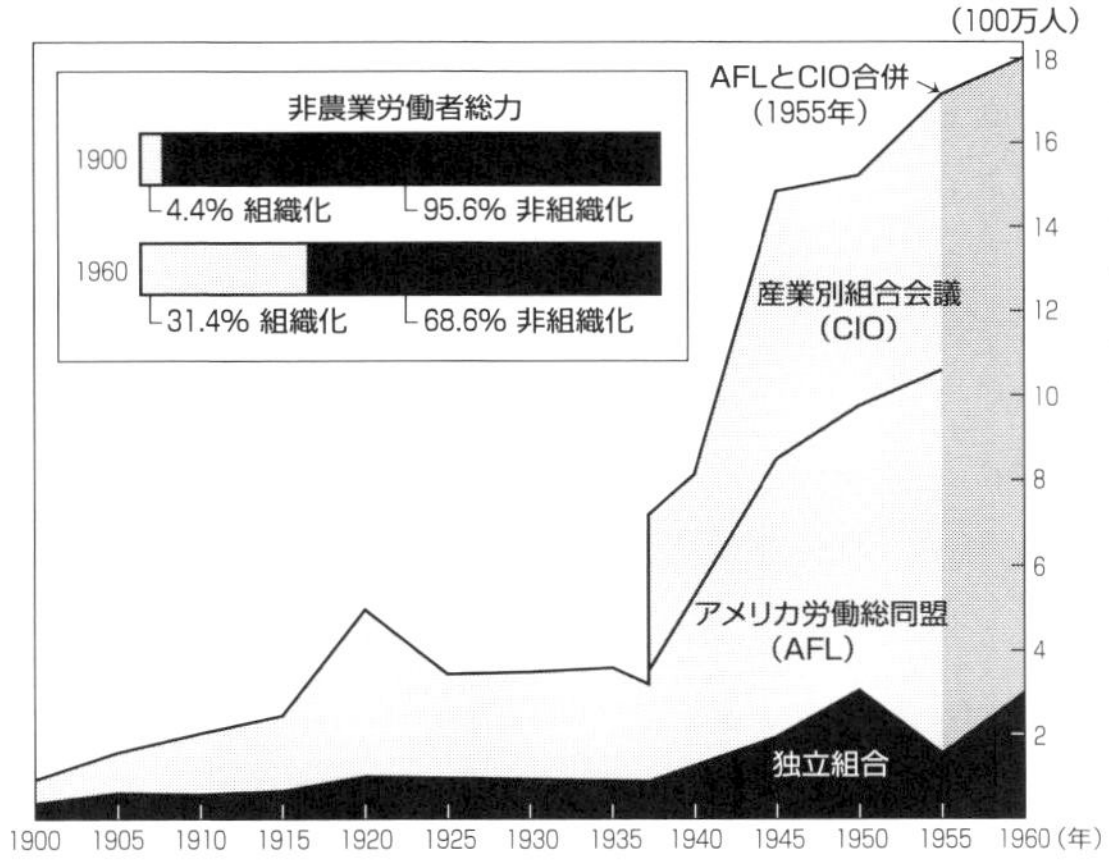

〔出典〕紀平英作編『アメリカ史』山川出版社

●**ローズヴェルト第二期大統領就任演説**（一九三七年一月二〇日）

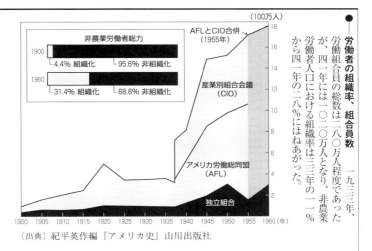

ルイスらがＡＦＬ内部で三五年に新たに組織した産業別労働者組織委員会（ＣＩＯ）の団結力は、ストライキとその威嚇によって、ワグナー法を認めていなかった経営者から大きな譲歩を勝ち取ることに成功した。とくに三七年のゼネラル・モーターズとＵＳスティールでの勝利はアメリカの労働運動にとって歴史的なものであった。ニューディールは貧困や人種差別を解消したわけではなかったが、労使間の権力関係を大きく変容させ、所得の再分配に貢献したことは確かであった。ＣＩＯ系労働者はローズヴェルトの強固な支持者となり、逆に経営者たちはローズヴェルトを憎むことになった。

三五年半ばは重要法案が目白押しとなった。五月にＷＰＡを設置する緊急救済法、七月にワグナー法、八月に社会保障法、銀行法、公益事業持株会社法、そして税制改革法といった具合であった。銀行法は連邦準備委員会を強化して連邦準備制度理事会とし、公益事業持株会社法は、電力事業体のなかで独占の弊害が大きいとみなされた持株会社の解体などをめざした。また、税制改革法は所得税の最高税率を七五％に引き上げた。これは「金持ちからしぼりとる」(soak the rich) 政策と揶揄された。

▼ジョン・ルイス（一八八〇〜一九六九）　労働運動指導者。炭鉱労組の指導者となる。ルイスらが組織した産業別労働者組織委員会(Committee for Industrial Organizations : CIO)は、一九三八年から産業別労働者組織会議(Congress of Industrial Organizations: CIO)と改称した。CIOはAFLと異なり、主として未熟練工を組織した。

▼銀行法　一九三三年六月に制定された銀行法を修正したもの。三三年の法律では商業銀行と投資銀行を分離し、銀行預金に保険をかけるため連邦預金保険公社を設立した。三三年銀行法はグラス＝スティーガル法と呼ばれることもある。三五年の修正では同公社の強化などをめざした。

▼例外としての生活扶助　一九六〇年代に拡大強化されたが、九六年の福祉改革法によって州政府の裁量が大幅に増加した。

NRAの実験はあとに残らなかったが、社会保障法が規定した年金、失業保険、生活扶助、ワグナー法が認めた団体交渉権、あるいは累進課税などは、その後も長くニューディールの遺産として残り、多くは強化拡大されていった。▲

第二期ローズヴェルト政権

サリヴァン▲のような当時一流とみなされた政治評論家ですら、ローズヴェルトは一期だけの大統領で終わると予言していた。新聞社の大多数がローズヴェルト不支持であった。経済界の主流は共和党政治家に民主党のスミスらも引き入れてアメリカ自由連盟▲を結成し、ローズヴェルト打倒をめざした。それは三六年半ばで一二万人以上の会員を獲得していた。にもかかわらず同年の選挙結果は、ローズヴェルトの歴史的大勝利▲であった。

ローズヴェルトが民主党という言葉を口にしたのは選挙戦をつうじて三回のみであり、所属党派にかかわりなくニューディール支持派をあと押しした。▲同時にローズヴェルトは「経済的王党派」という言葉を三六年党大会で発し、現代の文明を支配する新たな王朝すなわち経済的専制と戦うことを宣言した。

▼マーク・サリヴァン（一八七四～一九五二）　ジャーナリスト、コラムニスト。一九二〇年代についての大著『我々の時代　アメリカ合衆国一九〇〇～一九二五』の著者として知られ、「アメリカジャーナリズムの巨人」ともいわれる。

▼アメリカ自由連盟　American Liberty League

▼ローズヴェルトの勝利　ローズヴェルトは二七七五万票、共和党候補のアルフレッド・ランドンは一六六七万票を獲得した。ユニオン党のウィリアム・レムケは八八万票、社会党のトマスは一八万票であった。

▼ローズヴェルトによる諸勢力との協力　ローズヴェルトはミネソタ州で民主党と農民労働者党と協力し、ウィスコンシンではラフォレットの革新党を、ニューヨークではアメリカ労働党と、そしてネブラスカではジョージ・ノリス上院議員を支援した。

経済が回復基調にあったことは与党を利したが、それは小さな原因にすぎなかった。大恐慌に対応できなかったフーヴァーの拒絶という消極的性格が強かった三二年の民主党大勝利に対し、三六年の勝利は、明らかにローズヴェルトと民主党政権に対するより積極的な支持の帰結であった。民主党は年来の支持基盤である南部と北部大都市非WASP系移民層▲で圧倒的強さを発揮したが、それまで共和党が強かった北部農村州の多くでも勝利した。とくに長らく共和党寄りであったWASP系の労働者とミドルクラスを支持層に加え、さらに北部では黒人を新たな支持基盤につけ加えた。

黒人にとってニューディールは、南部での差別制度に変化をもたらしたわけではなかったが、北部の黒人の多数は、ニューディールの失業者救済事業と公共事業の受益者となっていた。三二年の大統領選挙では北部黒人の四人に三人は共和党に投票していた。しかし、その四年後、彼らは逆に四人に三人の割合で民主党に投票したのである。▲

ローズヴェルトの第二期は、「国民の三分の一は不十分な衣食住しか享受していない」(三七年一月二十日)との就任演説から始まった。三三年のローズヴェ

▼非WASP系移民層　WASPとは、White Anglo-Saxon Protestantの略で、非WASPはとくにアイルランド系、東欧・ロシア系など。

▼ローズヴェルトの支持層　ここで成立したローズヴェルトの政策を支持する諸勢力・諸集団の集まりをニューディール連合あるいはローズヴェルト連合という。具体的には南部白人、非WASP系移民層、中低所得者、北部黒人などからなる。この民主党を支える連合は、六〇年代の半ばまでアメリカ政治において多数派を維持した。三六年の選挙結果は、共和党にとって三二年以上に壊滅的な敗北であった。ランドンはニューディールを正面から批判して戦ったが、この後四〇年から六〇年にいたるまで、共和党大統領候補はニューディールを原則的に受け入れる立場で選挙戦に臨むようになった。

ルトの発想は、政府・経済界・労働者三者、そして政府と農民の協力関係に依拠して景気回復をはかるというものであった。とりわけ農業と工業の「均衡」(balance)の回復が重視されたが、均衡の概念は労使関係などほかの関係についても適用された。より一般的に、初期ニューディールは旧秩序の不均衡を是正し、さまざまな集団や階級の間に新たな均衡をつくり出そうとした。しかし第一期末までに、その路線は大幅に修正された。

第一に、経済界との協力関係の模索はほぼ放棄された。逆に労働者とりわけ労働組合とは政治的同盟関係を結んだ。第二に、第二期では、右に引用した就任演説にみられるように国民の下層「三分の一」への同情と共感が強調されていて、階級的視点が強く打ち出された。第三に、政策の選択において実験的であった一期目と異なり、二期目にはより体系的かつイデオロギー的に再分配的・階級的関心に依拠した政策が追求された。第四に、それと関連して、ニューディールの成果をいかに確実に保持するかという関心が前面にでてきた。

政権を取り囲む状況も一期目と大きく異なっていた。一つは経済界と南部の離反、第二に景気の二番底の発生、そして第三に国際情勢の緊張であった。

ローズヴェルトは国民の下層「三分の一」重視の方針に依拠して、二期目の成果を追求した。その一つは、労働者の最低賃金と最長労働時間を設定しようとしたものであり、三八年に公正労働基準法▲として成立した。第二は、地方政府に対して、低所得者向け公営住宅建設のための連邦政府支援を拡大するワグナー＝スティーガル住宅法であった（三七年成立）。三つ目に、低所得農民の支援と小作農民の自作農民を支援しようとする農場保障局（ＦＳＡ）▲を農務省に設置するバンクヘッド＝ジョーンズ小作農民法が成立した（三七年）。

　第二期で目立つのは、政治の枠組みそれ自体を変えようとする政策・行動である。その典型例が、一九三七年二月に突然提案された司法部改組法案である。ＮＩＲＡやＡＡＡだけでなく、鉄道労働者年金法などにも違憲判決がくだされており（三五年五月）、それはほかの主要立法にも及びかねなかった。最高裁はまさにニューディールにとって最大の脅威であった。

　そこでローズヴェルトは、終身制である合衆国最高裁判事（定員は九人）について、七〇歳をこえた判事が在籍する場合には、大統領はそれと同数の判事を最大六人まで追加任命できるという改革案を提案した。ところが、野党だけで

▼公正労働基準法　一九三三年のＮＩＲＡの第七条ａ項に起源をもつ規定であり、三八年の法律では最高労働時間は週四四時間とされた。

▼農場保障局　Farm Security Administration: ＦＳＡ　バンクヘッド＝ジョーンズ小作農民法によって農務省内に設置された。これはＲＡを改組・発展させたものでもあった。左の写真は全財産とともに移動する小作人（アーサー・ロスタインによるもの）。ＦＳＡはこうした危機と戦う農民の姿を記録する写真撮影キャンペーン・プロジェクトもおこなっていた。

なく与党内、とくに南部保守派からも反対意見が表明され、不成立となった。反対者はこの提案を「最高裁の詰め替え」(packing the court)案と呼んだ。最高裁判所には「憲法の番人」との位置づけもあり、聖域扱いする見方も存在していた。

しかし、この戦いはローズヴェルトの完敗ではなかった。最高裁は三七年春から、かつて違憲と断じていた事案で合憲と判断しはじめ、同時に高齢の判事の何人かは辞職した。結果的に、ローズヴェルトはニューディール派の判事を任命でき、立法権を行政部に大幅に委譲し、行政部が大きな権限を行使することを許容する新たな最高裁を手中にした。実はこれなしでは、ニューディールは存続しえなかった。最高裁判所が憲法解釈を大きく転換したという意味で、ニューディールは政治や財政だけでなく「司法における革命」でもあった。国民の圧倒的支持で二回選出され、また圧倒的多数で選出された多数派が成立させた立法を前に、司法部は憲法原則についての解釈変更を求める圧力に直面した。正式な手続きによる憲法修正ではなかったが、実質的には憲法修正に近い変化が起きたと理解することも可能であろう。

ローズヴェルトについては妥協的で無原則という評価も存在する。しかし、この例にみられるように、彼はときにニューディール死守にこだわり、大胆で前例のないことに挑戦していた。

ローズヴェルトはニューディールの将来について危惧し、それが自分の退任後も生き延びる道を模索した。行政府改革もその一つであり、三三年以降アドホックにできた連邦政府組織や政策を、すなわちニューディール型福祉国家を制度化しようとした。最終的には連邦行政部再編法によって、大統領直属の組織である大統領執政部の新設などが認められた▲。

元来、アメリカの連邦行政部は政策立案・計画能力といった点できわめて分権的であり、また弱体であった。この法律の原案はそのような欠点を克服しようとしていたが、まさにそれゆえに議会が、とくに与党南部保守派が認めるところとならず、大幅に縮小された。ニューディールはアメリカにおけるより強力で中央集権的政府を建設する企てでもあったが、それは中途半端な結果に終わった。失業者の多寡と関係ない全国青年局（ＮＹＡ）▲やＦＳＡは四二～四三年にかけて廃止ないし縮小された。全国資源委員会は全国資源計画局として大統領

▼連邦行政部再編法（一九三九年）　一九三七年に提出された最初の法案審議は難航し、可決されたのはようやく三九年になってからであった。当初の法案では、福祉と公共事業を担当する新しい省の設置、全国資源委員会(National Resources Committee、三五年設立)の恒久機関化がもり込まれていた。とくに全国資源委員会には、連邦政府の政策全般に対する計画立案能力の強化拡充が期待されていた。しかし、この部分は削除された。新設された大統領執政部には今日重要な役割を担っている六人の大統領補佐官をおくことが認められ、予算局が財務省から大統領執政部に移管されることになった。

▼全国青年局　National Youth Administration：ＮＹＡ　一九三五年設立。一六歳から二五歳までの貧困青年に対して雇用と教育を提供した連邦政府機関。

執政部に組み入れられていたが、恒久化されていなかったため解体された。

共和党だけでなく南部民主党議員の反対によって、司法部・行政部改革が頓挫したことに危機感をいだいた大統領は、三八年に例をみない手段に打って出た。それが民主党予備選挙への介入であった。

十九世紀より連邦議会では委員会とりわけ委員長が強大な権限をもっていたが、二十世初頭より、委員長の選出は、委員会に所属して当選回数の多い多数党議員が順に自動的に着任する規則となった（先任者着任制、seniority rule）。民主党が多数党となった場合、委員会で当選回数が多いのは、民主党一党支配地域となっている南部諸州出身議員となる可能性が高い。

ニューディール開始当初こそ未曽有の危機のなか、南部議員も大統領の方針に従ったが、とくに第二次ニューディールが着手されてから南部議員は離反しはじめた。本質的な問題は黒人に対する差別制度あるいは彼らに対する白人の支配権を維持できるかどうかであった。彼らは、黒人への私的刑罰を禁止する反リンチ法案、あるいは農業労働者をワグナー法の対象に含めることなどに反対した。ＦＳＡによるシェアクロッパーに対する融資・自作農化事業にも、南部議員と地主は徐々に反対を強めた。

そこで、ローズヴェルトは三八年中間選挙を前にして、そこでの民主党公認候補を決定する党予備選挙において、ニューディール立法に反対する保守派の現職民主党議員（上院議員一〇人と下院議員一人）の選挙区にニューディール支持派の新人候補を擁立し、現職議員の落選を企図した。ローズヴェルト自ら選挙区に入り、遊説もおこなった。しかし、結果は一人の下院議員を除いてローズヴェルトの完敗であった。地元の党員に支持された現職議員の前に、三六年に歴史的な圧勝をもって再選された大統領をもってしても太刀打ちできなかった。▲

ニューディールの評価

ローズヴェルトにとって不本意であったのは、三七年後半からの景気後退であった。この原因の一つは、均衡財政に強くこだわるローズヴェルトが財政均衡を達成しようとして財政支出を縮小したからであると推測される。共和党は歓喜してこの景気後退▲を「ローズヴェルト恐慌」と呼んだ。

三八年の中間選挙の結果は、政権にとって痛手であった。民主党は多数党の

▼予備選挙　アメリカではほとんどの州が、二十世紀初めから州の政党法によって、原則として主要政党の公認候補決定は党員の予備選挙によらねばならないと規定していた。アメリカの政党は、トップダウンで政党幹部が公認候補を決定する他の多くの国の政党と異なり、分権的な構造になっている。

▼一九三七年の景気後退　三七年九月から三八年六月までの九カ月間に、工業生産は三〇％以上も減少、雇用も二三％減となり、失業者はふたたび一千万人をこえた（失業率は三七年の一四・三％から三八年の一九・〇％に上昇）。

座を維持したものの、共和党は大きく躍進した。なおかつ、この頃から民主党南部議員(そのほとんどが保守派)と共和党議員の安定した保守連合が形成され、リベラルな法案にほぼ確実に反対しはじめた。見かけのうえで民主党が多数党であっても、ニューディール的な政策が可決されなくなったもっとも重要な原因である。これは、その後八〇年代頃まで続く議会の構造となる。

国際情勢の緊張激化も、ニューディールの向かい風となった。とくに三九年の第二次世界大戦の勃発はアメリカの内政にも大きな影響を与えた。ローズヴェルトは当初から可能なかぎりイギリスを支援しようとしたが、議会においてはそれに断固反対する孤立主義者が強い影響力をもっていた。孤立主義者には実はニューディールを支持する共和党革新主義者が多数含まれていた。それに対して、ニューディール反対者となった南部民主党は国際主義的であり、親英的であった。イギリス支援の重要性が増すにつれ、ローズヴェルトは経済界からの協力と南部民主党の支持に依存せざるをえなくなり、それは必然的にニューディール的改革の先送りを含意していた。

かつてニューレフト史家バーンスタイン▲は「ニューディールはアイディアが

▼**バートン・バーンスタイン**(一九三六〜) スタンフォード大学歴史学科教授。引用は『ニューレフトのアメリカ史像』東京大学出版会、一九七二年。

つきたがゆえに停滞した」と述べたが、この指摘は必ずしも妥当でない。三三年段階では試行錯誤的に多数の路線が提示されていたが、三〇年代後半までにある程度の収れんがみられた。

一つは、すでに指摘したように、ニューディール▲がその支持基盤を明確に中下層国民に求めたことである。それは政策的には大規模な失業救済、社会保障、労働立法などに支えられていた。それは政府の役割についての新たな定義を意味しており、まさに国民の衣食住に責任をもつ政府であった。

第二に、三七年の景気落ち込み後、ケインズ政策の必要性を支持する集団がこれまで以上に明確かつ強力に政権内で活動するようになった。

ニューディール期には、ケインズ主義の浸透以外にも注目すべき思想動向は存在した。その一つが、北欧への強い関心である。アメリカ国民はいわばアメリカの制度と資本主義に自信を喪失していた。二九年から一〇年たっても、大規模な失業問題は解決していなかった。ドイツのナチズム、イタリアのファシズム、そしてソ連のスターリニズムは大恐慌対策としては効果を上げていたなかで、「モスクワまで行く必要はない、北欧まで行けばちょうどよい」との見

▼ニューディールとケインズ主義経済学　一九三四年末に連邦準備制度理事会総裁に就任したマリナー・エクルズ(一八九〇〜一九七七)はケインズ主義的経済政策の中心人物であり、彼の部下ロークリン・カリー(一九〇二〜九三)もその一人であった。閣僚クラスでは、ウォーレスが強く大統領にケインズ政策の採用を迫っていた。彼らはローズヴェルト大統領に三七年後半からの景気後退の原因と追加の財政支出の必要性を説き、その結果三八年四月、大統領は議会に救済と公共事業などのための追加支出を要請した。ちなみに、ローズヴェルトは三五年ケインズと面会したが、すぐにケインズ主義者になったわけではなかった。

解も示されていた。例えば、合衆国最高裁判所判事となっていたブランダイス▲はこのように述べていた。ウォーレスは、民間企業と協同組合、そして国営企業の三者が混合した経済体制となっているスカンディナヴィア諸国▲が最善の体制であると主張していた。協同組合に対する関心も広く共有されており、同年六月ローズヴェルトはヨーロッパに視察団を派遣した。チャイルズの著書『スウェーデン』に惹かれ、協同組合に関心をもったと述べたのは、じつは大統領自身であった。今日、三〇年代のアメリカが北欧の政治経済体制に関心を寄せたという事実はほとんど忘れ去られているが、これはまぎれもなく三〇年代後半のアメリカの政治的雰囲気の一断面であった。

さらに、反独占政策が課題として表舞台に再浮上したことは、第二次ニューディール以降の大きな思想的特徴であった。▲ＮＩＲＡの挫折後、巨大企業や富裕者に批判的感情を強くもつ人々の影響力が復活した。ローズヴェルトは三八年四月に独占企業を批判する演説を議会でおこなった。ただし、第二次世界大戦勃発と同時に、ふたたび政府と経済界の協力の時代となった。

ニューディールはアメリカの資本主義のあり方を、部分的にではあれ、重要

▼ルイス・ブランダイス（一八五六〜一九四一）　ウィルソン大統領のニュー・フリーダムの思想の提唱者。人民の弁護士ともいわれ、巨大企業と戦った。ウィルソンによってユダヤ人としてはじめて合衆国最高裁判所判事に任命された。

▼スカンディナヴィア諸国への関心　一九三六年に刊行されたマークウィス・チャイルズ著『スウェーデン』は、当時ベストセラー入りした。

▼反独占(anti-trust)**思想の復活**　ブランダイス、フェリックス・フランクファーター（一八八二〜一九六五。ハーヴァード大学ロー・スクール教授）らの反独占思想に、とくにフランクファーターの弟子といわれるトミー・コーコラン（一九〇〇〜八一、法律家）とベンジャミン・コーエン（一八九四〜一九八三、法律家）は強い影響力を発揮した。彼らは独占企業が価格を人為的に引き上げ、あるいは大衆雇用を制限しているがゆえに、大衆の購買力が強化されず、結局は三七〜三八年のような景気後退も起きてしまったと解釈した。

一九一七年以降のアメリカの富の配分

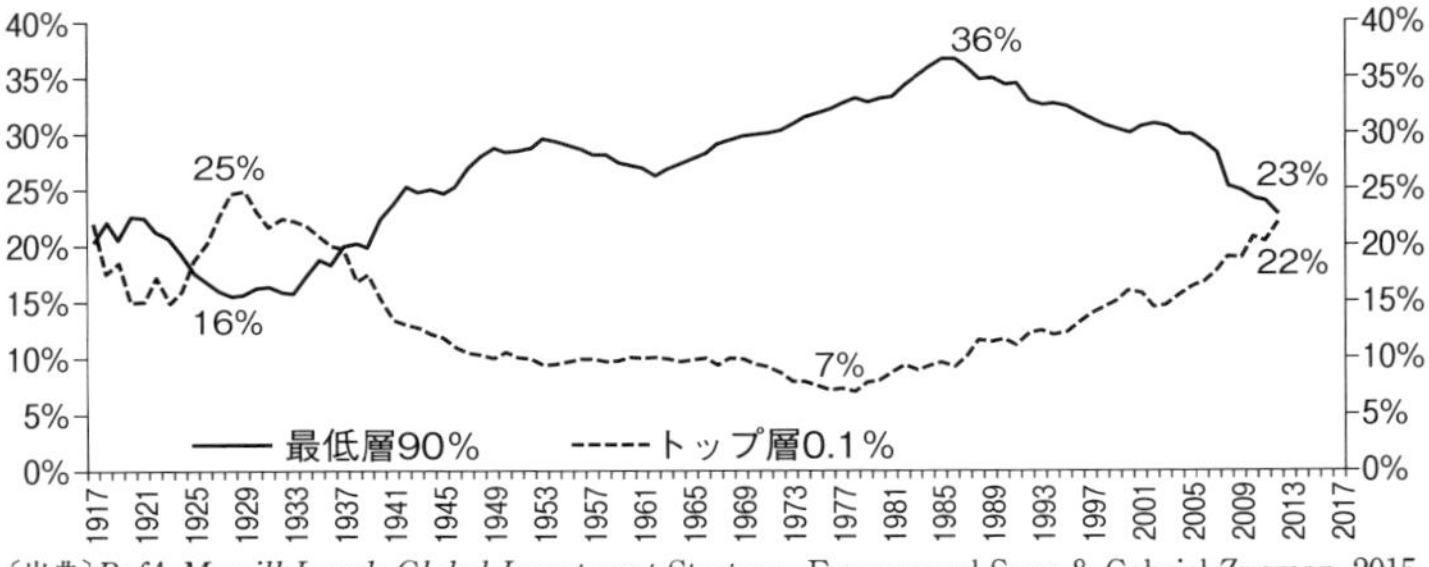

〔出典〕*BofA Merrill Lynch Global Investment Strategy*. Emmanuael Saez & Gabriel Zucman, 2015

な側面で修正した。政治的にはそれすら、達成するのは容易でない。失業者救済、年金・失業保険・生活保護の制度、労働者と使用者の権利関係の変化、金融業界や公益事業者に対する規制、富裕税など、政府の国民生活に対する責任を拡大する一方で、経済界や経営者に対する規制を強化した。これらは決して過小評価されるべきではない。自由放任というアメリカの政治的伝統はここで修正され、質的に異なる資本主義体制に突入した。富の配分の長期的な動向（上図）をみると、三〇年代から七〇年代にかけては、再分配がかなり効果をあらわしていた時代であったこともわかる。

　ローズヴェルト自身のヴィジョンも理解しておくべきであろう。計画的な予算策定、省庁再編、完全雇用政策、健康保険政策など、ローズヴェルトがさらに達成しようとしていた政策課題は多数存在した。三七年の合衆国最高裁判所改組計画、三八年中間選挙での民主党予備選挙への介入、三選出馬、ウォーレスを副大統領候補に指名したこと（六四頁参照）などは、すべてこの視点を取り入れてはじめて理解可能となる。ローズヴェルトはニューディールの成果と遺産を守り、そのために民主党を、それを支持する真にリベラルな政党につくりかえようと企図していたのである。

ニューディールが経済的にどの程度成功したかは疑わしい。三三〜三七年にかけて、アメリカ経済は年率一〇%の成長を達成したが、それでも三七年の失業率は一四%であった。そして三七年の景気後退によって、失業率はまた一九%にはねあがった。四一年になっても失業率は一〇%以上にとどまっており、アメリカの国内総生産は二九年の水準に戻っていなかった。これらすべては、アメリカ経済がいかに重い病にかかっていたかを裏側から示唆している。景気の回復は真珠湾攻撃のあとであり、戦時経済の賜物であった。ただし、もしニューディール政策がなければ、失業率を含めて経済がもっと悪化していた可能性はある。

しかし、政治的にはニューディールはある程度成功したといえよう。ローズヴェルトは三六、四〇、四四年に大差で再選された。FSAやワグナー法など、一部の政策は保守派の巻き返しのために戦時ないし戦後に撤廃ないし弱体化されたものの、ニューディールが生み出した年金、失業保険、労働組合保護、金融規制、TVAなどは、今日まで生き延びている。その意味で、ニューディールの遺産は永続的であった。

しかも、三三年に発足した民主党政権は、結局トルーマン政権も含めて五三年まで継続した。三二年に多数党となった民主党は、その地位を基本的には六〇年代後半まで維持した。これも、まさにニューディールないしそれを支える政治理念、すなわちニューディール・リベラリズムが博した人気のゆえであった。

ちなみに、アメリカ政治ではリベラル(liberal)という言葉は、ニューディール開始前まではイギリス同様非介入的な小さな政府を意味していた。しかしローズヴェルトらが自らの立場を同じ言葉で表現し始めそれが定着したため、アメリカではリベラルの意味が逆転し、大きな政府を意味することになった。共和党は半恒常的少数党に追いやられたのみならず、自らの政治的立場を表現する言葉も剝奪されたのである。

③—第二次世界大戦とローズヴェルト

ローズヴェルトと外交問題

ローズヴェルトは国際経済政策、とくに為替の安定化政策については、政権発足当初フーヴァー政権と異なった態度をとり、国際協調姿勢を一挙に弱めた。彼はフーヴァーが重視していた一九三三年のロンドン経済会議を一方的に離脱して、不成功に終わらせたのである。

しかし、ローズヴェルトは対日政策に関しては、前政権の国務長官スティムソン▲によって推進された不承認政策を基本的に受け継いだ。といっても、ローズヴェルトは極東で戦争の危険を冒すつもりはなく、日本による武力攻撃を批判する道義的責任を感じていたという程度であったと推測される。▲

国務長官には南部テネシー州出身のハルを指名した。長年下院議員を務めたハルは、南部民主党の重鎮であったが、その伝統を引き継いで自由貿易論者でもあった。排他的経済ブロックはまさに戦争の原因であると信じていたハル国務長官は、精力的に関税引き下げを追求した。▲

▼ヘンリー・スティムソン（一八六七〜一九五〇）　共和党のタフト大統領のもとで陸軍長官、フーヴァー大統領のもとで国務長官を務めたのち、民主党のローズヴェルトのもとで陸軍長官を務めた。七三歳のスティムソンは、まさに共和党内の重鎮であった。

▼ローズヴェルトの中国観　一九三三年頃ローズヴェルトは側近に、「自分はつねに中国に対してこれ以上ないほど深い同情の念をいだいてきた」と述べていた。

▼南部と自由貿易主義　民主党が一党支配していた南部は綿花の輸出に依存する経済体質であったため、十九世紀から低関税主義を支持していた。実際、民主党のウィルソン政権期に関税引き下げを実施した。

就任当初、既述のように、やや経済ナショナリズム的傾向を示したローズヴェルトであったが、徐々に南部民主党の従来の路線、すなわち低関税主義に回帰していった。ただし、保護貿易主義・高関税が世界を席巻していた時期でもあり、関税引き下げは相手国との相互主義方式が採用された。また、合衆国憲法では関税を決定する権限は議会に与えられているが、議員からの影響力を遮断し、機動的な決定が可能になるように、既存の税率の五〇%の範囲内という条件で、それを変更する権限を法律で大統領に与えた。しかもこの税率には最恵国待遇が与えられることになった。三四年に成立した互恵通商協定法▲がそれである。

また、彼は二〇年代の共和党政権による中南米諸国に対する善隣外交を引き継ぎ、軍事的介入を避けた。三三年には、多数のヨーロッパ諸国や日本に遅れてソ連を承認した。三四年にはフィリピン独立法▲が成立し、一〇年後の独立が認められた。

ウィルソン大統領のもとで第一次世界大戦に参戦したアメリカであったが、二〇年代にはいると、孤立主義的見解がふたたび優勢となった。その背景には、

▼互恵通商協定法と戦後の自由貿易国際経済秩序　四五年までに主として中南米の国々との間に二九の互恵通商協定が結ばれ、アメリカの輸出も増加した。これは、戦後に確立した自由貿易国際経済秩序の萌芽であった。

▼フィリピンの独立　実際には第二次世界大戦のため、四六年に独立した。このように植民地を自発的に手放した点に、アメリカのヨーロッパ諸国の帝国主義との違いを見出すことができる。

参戦の結果についての幻滅が存在した。さらに三四年に出版された『死の商人』と題する一冊の書が、世論に火をつけた。同書は、アメリカの第一次世界大戦参戦は軍需産業の陰謀によるものであるとの印象を国民に与えた。

議会上院では調査委員会が立ち上がり、三五年の中立法▲が制定された。この法律は、第一次世界大戦参戦の「誤り」を繰り返さないために、交戦国に武器の輸送を禁止するものであった。この後、中立法は何回も改正・強化され、ローズヴェルトを大いに苦しめた。

三七年七月の盧溝橋事件を契機として日本軍が中国において軍事行動を拡大したことについて、ローズヴェルトは同年十月シカゴにおいて「隔離演説」▲をおこない、侵略国を経済制裁などによって孤立させる方針を提示した。しかし、これに対しては批判的な反応が強く、政府による具体的な行動は続かなかった。「先頭に立って進もうとしたのに、振り返ったら誰もついてこなかった。ひどい話だ」とローズヴェルトはスピーチライターのローゼンマン▲にもらした。ここで、外交政策ではゆっくり進むこと、有権者より先走り過ぎてウィルソンの轍を踏まないようにすることを心がけるようになったとも指摘されている。

▼中立法　三五年に制定されたが、その後頻繁に改正された。三六年には交戦国に対する信用貸し付けも禁止された。三七年には、一般商品についても、現金払い・自国船輸送方式でないと禁止という条件が追加された

▼隔離演説に対する批判　ウォールストリートジャーナルやシカゴトリビューン紙など、保守系あるいは孤立主義的な傾向をもつメディアが糾弾した。

▼サミュエル・ローゼンマン（一八九六～一九七三）　ローズヴェルトの上級顧問・スピーチライター。「ニューディール」という言葉の使用に貢献。

三八年に開催されたミュンヘン会談においては、ローズヴェルトはチェコスロヴァキアのズデーデン地方のドイツ帰属を認めるという融和策を支持していた。直後彼はイギリス首相チェンバレンを祝福し、「よくやった」とも語った。しかし、その後早い段階で会談について批判的見解を述べ、軍事力強化に着手した。これは融和策を放棄し、ヒトラーを牽制・抑止しつつ、ヨーロッパ情勢への介入を嫌う国内孤立主義者からの批判を回避しようとするきわどい綱渡り的対応であった。

第二次世界大戦勃発と軍備の現実

三九年九月一日、ドイツがポーランドに侵攻し、イギリス・フランスがドイツに宣戦することによって、第二次世界大戦が始まった。第一次世界大戦勃発時、ウィルソン大統領は厳正な中立方針を打ち出したが、ローズヴェルトは中立を語りながらも、当初からイギリス・フランス寄りであった。九月十七日にはソ連がポーランドに侵攻し▲、ポーランド国土の半分近くを獲得した。

三九年十一月、議会は中立法を改正し、武器禁輸条項を緩和した。これによ

▼**ソ連のポーランド侵攻**　これは独ソ不可侵条約の秘密協定の一部であった。ポーランド国土の残りはドイツが併合した。

り、現金払いかつ自国船方式であれば武器輸出が可能になった。これは実質的には制海権をもつイギリス・フランスへの武器輸出許可であり、まさにローズヴェルトが望んでいた改正であった。

しかし、当時のアメリカの軍事力▲の現実は極めてみすぼらしいものであったため、ローズヴェルトは貧弱な武器の在庫からどの程度イギリスに送るかという困難な選択に直面した。第一次世界大戦参戦後一挙に四〇〇万人以上の軍隊をつくり上げたアメリカであったが、二〇年代に議会はそれまでのアメリカの伝統に従って陸軍兵力をほぼ完璧に解体した。アメリカの陸軍兵力は三九年に二万人以下にまで落ち込み、そのなかで十分な訓練を受けたものはその四分の一程度というありさまであった。

四〇年当時、アメリカには軍事産業もほとんど存在しなかった。アメリカの兵器生産はドイツの四分の一程度、製鉄所の生産力は三分の一であった。自動車生産数が世界一であっても、それを戦車・戦闘機の生産に迅速に転換するのは容易でなかった。そのようなアメリカにとって、四〇年六月のフランス降伏は巨大な衝撃であった。

▼アメリカの軍事力　わずかな訓練しか受けていない兵と第一次世界大戦に従軍した歩兵をかき集めても四〇万人程度であったが、ドイツは現役予備役をあわせると七〇〇万人近い兵力を擁し、そのほとんどが実戦経験者であった。四〇年になっても、アメリカの軍事力は世界で一八位であり、ベルギー、スウェーデン、スイスすら下回っていた。これがアメリカの伝統であった。

四〇年七月、ローズヴェルトはスティムソンとノックス▲をそれぞれ陸軍長官・海軍長官に任命した。彼らはどちらも著名な共和党員かつ国際主義者であり、この人事は戦争に超党派で対応することを国民に伝えようとしていた。

三九年から陸軍参謀総長としてローズヴェルトを支えたのは、マーシャル陸軍大将▲であった。マーシャルは軍の政治からの独立性を重視しており、大統領のジョークに対しても絶対に笑わなかった。海軍では、スターク・プランと呼ばれる大海軍建造計画で知られる作戦部長スターク提督▲が率いていたが、彼は四二年からキング▲にとってかわられた。

イギリス支援のあり方

イギリスでは四〇年五月チャーチルが首相に就任した。彼はイギリスの覇権が終わりつつあることを認識しており、今後はアメリカかドイツいずれかの時代であると直感していた。選択が可能であれば、チャーチルはアメリカの覇権のもとで生きることを望んだ。

チャーチルは四〇年五月から七月にかけてアメリカの駆逐艦五〇隻の売却を

▼フランク・ノックス（一八七四〜一九四四）　六七歳になったノックスは、三六年大統領選挙の共和党副大統領候補であった。

▼ジョージ・マーシャル（一八八〇〜一九五九）　職業軍人。マーシャルはローズヴェルトからまねかれても夕食会に出席せず、ローズヴェルトとのファースト・ネームでのやりとりも避けた。チャーチルは米英の「勝利をもたらした真の組織的指導者」と称賛した。のちに国務長官に抜擢され、第二次世界大戦で荒廃した西ヨーロッパ諸国を支援するマーシャル・プランでも知られる。

▼ハロルド・スターク（一八八〇〜一九七二）　アメリカ海軍第八代作戦部長。合衆国艦隊司令官キングとの確執が生じ、パールハーバー奇襲の責任も問われて、ローズヴェルトによって更迭された。

▼アーネスト・キング（一八七八〜一九五六）　海軍作戦部長および合衆国艦隊司令官として第二次世界大戦中の海軍を指揮した。

ローズヴェルトに懇願した。しかし、アメリカの法律によれば、これらの駆逐艦がアメリカの防衛に必要でないことを議会に対して証明しなければならなかった。ローズヴェルトは八月の閣議において、駆逐艦を売却するのでなく、カリブ海とカナダにあるイギリスの海軍基地と交換し、それを議会の承認が不要な行政協定で進めるという提案を披露した。孤立主義者からは激しい批判をあびたが、この案は実行された。

ローズヴェルトは四〇年五月十六日の議会演説において、陸軍は五〇万の兵員を補充し、航空機年間五万機の生産能力をもつという目標を提示した。これは当時の生産能力の一〇倍以上であった。▲

徴兵制の実現▲も戦争準備に不可欠であったが、アメリカでは平時に徴兵制を敷いたことはなく、議会での審議は難航した。それはようやく九月に可決された。

三選問題

アメリカでは初代大統領ジョージ・ワシントンが二期八年で自発的に引退し

▼アメリカの航空機生産数　四〇年は約六〇〇〇機であったが、四二年四万八〇〇〇機弱、四三年八万九〇〇〇機弱、そして四四年には九万六〇〇〇機強を生産した。

▼徴兵制の実現　四〇年八月、ローズヴェルトはアメリカ史上初の平時の徴兵制を実現するための法案を、大統領選の投票日まで三カ月に迫っていたにもかかわらず、政治的リスクをとって支持することを表明した。「大統領ローズヴェルト」が「政治家ローズヴェルト」を打ち負かした瞬間であった。

て以来、それが慣例となってきた。ローズヴェルトは三九年までは三期目について真剣に検討していなかったようであるが、四〇年五月頃には三選を求める決意をかためていたと思われる。その決断にあたって、国際的危機の高まりが重要な理由であったことは間違いないが、ニューディールの擁護も重視されていたと推測できる。▲

三選を求めるとすると、誰をローズヴェルトの副大統領候補にするかという問題が浮上する。▲ローズヴェルトは最初ハルに副大統領候補になるよう依頼したが、ハルが固辞した後、ウォーレスに出馬を求めた。国際主義的リベラル派として親英路線とニューディールの擁護が期待できることと、共和党支持者が多い中西部農民票にアピールできることなどが魅力であった。

四〇年十一月の大統領選でローズヴェルトはアメリカ史上初めて三選された。得票率はローズヴェルトの五四・七％に対して共和党のウィルキーは四四・八％であった。これは実に一六年選挙以来の接戦であった。この間、大西洋の対岸では四〇年七月十六日、ヒトラーがイギリスへの大規模な空爆開始を指令した。▲

▼ローズヴェルト三選出馬決断の経緯　ローズヴェルトは一時ホプキンズを後継者として推薦しようとしていたようであったが、ホプキンズは一九三九年夏に胃がんにかかっていることがわかり断念した。ローズヴェルトは、どの程度本気であったかどうかは不明であるが、数年前からハルに対して、自分の後継者として四〇年の大統領選挙に出馬するように促してもいた。いずれにせよ、三選出馬は容易な決断ではなかったであろう。三選を達成しても、えられるものはわずかかもしれず、否定的評価もつきまとうからである。

▼副大統領候補の選択　現職副大統領ガーナーとは三三年からほぼ離反状態であったため、当初から検討外となった。

▼ドイツによるイギリス空襲　ヒトラーは四〇年九月からイギリス本土上陸作戦を開始することを計画しており、七月開始の空襲はその準備の一環であった。ただし、上陸作戦は結局実施されなかった。

ローズヴェルトはアメリカが直接攻撃されないかぎり、ドイツに宣戦布告をするのは難しいと考えていたが、同時にイギリスが敗北しないように、戦争直前のところまで支援したいと、チャーチルに内々に表明していた。その理由は、イギリスとその海軍力が失われてしまえば、海上の自由についての原則など、アメリカの安全保障についての前提が崩壊してしまうからであり、アメリカ国民はナチの脅威に怯えながら生きていくことを余儀なくされるからであった。究極的には自衛のための措置であり、集団的自衛権の行使であった。

こうしてドイツと戦争する準備を本格化しはじめたローズヴェルトは四〇年十二月二十九日、ラジオをつうじて国民に語りかけた。ナチやその支持者たちがいう交渉による平和とは、「無法者であるギャングがみなさんの町や村を取りかこみ、皆殺しにすると脅して貢物を差し出させたとしましょう。これが交渉による平和といえるでしょうか。」そして彼は、そのような事態になることを避けるためにこそ全力でイギリスを支援する必要性を強調した。「われわれは民主主義の大兵器廠にならなくてはならないのです」。

さらに四一年の年頭教書において「全世界各地における四つの自由」(言論お

▼四つの自由のなかの「欠乏からの自由」　この言葉には、大恐慌の完全な克服という意味が込められ、ローズヴェルトのこだわりが示されている。これはまさにニューディールが達成しようとしたことでもあった。ウィルソンですら、欠乏からの自由のような社会問題を、外交政策として語ることはなかった。なお、「四つの自由」は、ローズヴェルト自らの提案によって、演説推敲の最終段階で追加された。

▼武器貸与法の背景　武器貸与法が実施された背景には、イギリスの財政難が存在しており、また第一次世界大戦時に連合国に融資を提供し、その返済をめぐって紛糾した過去が原因になっていた。ローズヴェルトは、火事になった隣家にホースを貸す例をあげて説明した。この政策の実質的意味は、アメリカは「現金払いのみ」の店を閉め、レンタル会社を始めるということでもあった。この政策はローズヴェルトの発案であり、法案は議会で圧倒的票差で可決された。なお、武器貸与法は四一年四月以降、中国に対しても適用された。

よび表現の自由、信教の自由、欠乏からの自由、軍事的侵略の恐怖からの自由）を宣言した。▲これは、アメリカ内外に対して、アメリカがめざす戦後世界の理想を訴えたものであった。

さらに四一年三月、ローズヴェルトはより直接的にイギリスを軍事的に支援するため、武器貸与法▲を制定させた。この法律は大統領に、「大統領が合衆国の防衛上その国の防衛が不可欠であると判断した国の政府に」、議会が資金を充当した武器や物品を移送する権限を与えた。すなわち、アメリカはイギリスに武器や補修物資を無償で送り、戦争終結後にドルでなく現物で返済してもらうというかなり型破りの取り決めであった。後年チャーチルは武器貸与法を、「歴史上、もっとも利他的で高潔な財政措置」と表現した。

ローズヴェルトの国際政治に対する態度は、基本的にウィルソン的国際主義であった。その本質は、自らが領土を獲得することを排除するとともに、強力な国際組織を立ち上げ、将来の戦争を防止する点にある。しかし、ウィルソンの失敗を目撃したローズヴェルトのほうがやや現実主義的であり、大国による力の現実を重視していた。ただし、ソ連の指導者スターリンまで国際秩序維持者の側にむかえるか否かは、判断が分かれるところであろう。ローズヴェルトはこの点について基本的に楽観的であった。

四一年五月中旬の世論調査では、国民の七九％は参戦に反対であったが、五二％は海軍に護衛されれば輸送船団を派遣することに賛成を表明した。

これを背景に同月末、ローズヴェルトは炉辺談話において無制限国家非常事態を宣言した。「爆弾が実際にニューヨーク、サンフランシスコ、ニューオーリンズに落とされるまで、攻撃されたことにならないと考える人もいます」。しかし、「敵が前庭にやってくるまで待つのは自殺行為になることを、われわれは十分理解しています」。「われわれはヒトラーに支配される世界を受け入れません。われわれが受け入れるのは、四つの自由に捧げられた世界のみです」。ローズヴェルトはこのように述べた。ローズヴェルトは国民に対して、差し迫った直接の脅威をわかりやすく説明することによってのみ、軍備増強を支持させることができるし、ウィルソン同様、彼らの理想主義に訴えることが必要であることも理解していた。政治家としての直観であろう。アメリカ政治の文脈では、このような方針は妥当かつ必要であった。問題はソ連の実態との乖離をどのように埋めるかであった。

独ソ戦開始と参戦への道筋

四一年六月、ドイツが突如ソ連侵攻を開始し、第二次世界大戦は異なった局面に突入した。ヒトラーは対イギリス戦に決着がつかないままソ連侵攻開始を決断した。対ソ戦はせいぜい三カ月で終了し、その後イギリスへの攻撃を再開できると確信していた。致命的な誤算であった。

ローズヴェルトは、ファシズムも共産主義もどちらも邪悪であるが、ファシズムのほうが輪をかけて邪悪であり、なおかつアメリカの安全保障にとって直接の脅威になっていると判断していた。彼は四一年夏、ソ連によるヨーロッパ支配の可能性を心配する必要があるとは思えないとも記しており、実際、可能なかぎり迅速にソ連への軍事援助を実施するよう努力した(ただし、アメリカの軍指導部はソ連支援に消極的であった)。四一年秋の第一回モスクワ議定書の調印により、アメリカはソ連への補給物資の提供を確約した。ローズヴェルトはソ連防衛がアメリカ防衛に不可欠であると公式に宣言して、ソ連に武器貸与法

▼スターリンの残虐性についての最近の研究成果　ソ連は三九年から四〇年にかけて、ナチ・ドイツと同数の国家を侵略した。独ソ戦開始のとき、スターリン自身ドイツ攻撃を準備中であった。Sean McMeekin, Stalin's War: A New History of World War II, Basic Books, 2021. Ross Douthat, "Oppenheimer' and the Shadow of Stalin," The New York Times, August 7, 2023.

も適用した。しかし、最近のあるスターリン研究は、ローズヴェルトがあまりにナイーヴであったため、スターリンの残虐性▲を見ぬけなかったことを批判している。

このような指摘はかなりの程度妥当であろう。しかし、ここには巨大なジレンマが存在する。ローズヴェルトが対ソ連支援を減らすことにより、あるいは早期に南・東ヨーロッパに直接侵攻することによって、アメリカ兵犠牲者の数が劇的に増加した可能性が高い。また、第二戦線（八〇頁参照）を大幅に遅らせていれば米ソ関係がもっと早くから敵対的になり、国際連合が立ち上がらなかった可能性すら存在する（そのかわり、東ヨーロッパの多くの地域でのソ連支配を阻止できたかもしれない）。どちらも困難な選択である。ソ連がもっとも脆弱な瞬間に、英米に有利な約束を勝ちとっていれば道は開けたかもしれないが、それを実行するためにはソ連の本質理解と高度の先見性が必要であった。

ローズヴェルトは四一年八月、チャーチルに宛てて、次のように書き送った。「私は戦争をすることはできますが、戦争の宣言はできないのです。議会の孤立主義勢力が反対するためです。しかし、私は挑発的になっていきたい。もしドイツが気にいらなければ、アメリカ軍を攻撃することもできます。小さな衝突が戦争に行きつかざるをえないよう、ありとあらゆる努力をおこなっていきたいのです」。

四一年初頭のあいつぐ世論調査はいずれもほぼ二対一の割合で、武器貸与法等による対イギリス援助の増強を支持していた。問題は、ローズヴェルトが記したように議会であった。

議会における孤立主義勢力の強さは、四一年初夏の選抜徴兵法の延長問題に劇的に示されていた。これは四〇年に制定された選抜徴兵法が定めた兵役期限を一二カ月から一八カ月にまで延長する提案であった。下院での採決は、賛成二〇三票、反対二〇二票と僅差であった(上院は容易に通過)。

大西洋憲章

ローズヴェルトとチャーチルは四一年八月九日から十二日にかけて、カナダのニューファウンドランド島にてはじめて会談した。ローズヴェルトは、民主主義国の指導者二人、すなわち彼とチャーチルがアメリカ・イギリス両国の戦

大西洋憲章

米英両国は、

第１　領土的またはその他の膨張を求めない。

第２　関係人民の自由に表明された希望と合致しない領土的変更を認めることを欲しない。

第３　すべての人民が、そのもとに生活する政府形態を選ぶ権利を尊重する。両国は主権と自治を強制的に奪われた人民が、それらの権利を回復することを欲する。

第４　大小と勝者であると敗者であるとを問わず、現存の義務に当然払うべき尊敬を払いつつ、すべての国が平等な条件において、各自の経済的繁栄に必要とする通商と世界の原料を入手する権利を享受できるよう努める。

途中省略

第８　両国は、世界のすべての国民が、現実的および精神的なるいずれの理由からも、武力行使の放棄に到達しなければならないと信じる。陸・海・空の軍備が自国の国境外に侵略の脅威を与え、もしくは与えそうな国々によって行使されるかぎり、いかなる将来の平和も維持されえないのであるから、一層広範かつ恒久的な全般的安全保障システムが確立されるまで、こうした国々の武装解除は不可欠であると信じる。両国は、同様に、平和を愛好する国民のために、軍備の圧倒的負担を軽減するすべての実行可能な措置を支援し、かつ促進させるであろう。

●——チャーチルとローズヴェルト（一九四一年八月）

●——スターリンとローズヴェルト（一九四五年二月）

争目的を、全世界の人々の前にわかりやすく示すべきであると考えた。これは同時にアメリカ国民に参戦を支持させるための試みでもあった。チャーチルは、アメリカの参戦を少しでも容易にし、あわせて英米運命共同体的結束をイギリス内外に示すために、相違を乗りこえ(すなわち大きく譲歩して)、それを受け入れた。

大西洋憲章は、アメリカ・イギリス両国に領土的野心が皆無であることと、そして民主主義を尊重すること、すなわち「すべての国が自由に政体を選ぶ権利を尊重する」と宣言し、また「平等な条件で通商し原料を入手する権利」の尊重を謳っていた。これらは第一義的にはドイツあるいは日本に対する批判であったが、イギリスがもつ植民地と、大英帝国特恵関税ブロックに対する批判にもなりうるものであった。ローズヴェルトはイギリス支援と引き換えに、これらの点でイギリスの譲歩をえようとしていた。ローズヴェルトはこの原則が当然植民地に対しても適用されると考えていたが、イギリスは通商面では応じたものの、自らの植民地に関しては、元来主権をもったことがないため適用されないと主張して、憲章発表後も容易に引き下がらなかった。ローズヴェルトも深入りを避けた。

いずれにせよ、これは参戦前にそのような要求を発せず、ただイギリス・フランスの好意を期待して参戦したウィルソンの方針を修正したものであった。しかし、戦争への支持を調達するために、普遍的価値と理想を掲げたのは、ウィルソンの手法と酷似していた。

さらにウィルソンに近いのは、憲章の最後の部分、すなわち世界の安全保障のための恒久的な体制の樹立に向けて努力することを宣言した第八項である。ローズヴェルトにとって、これは憲章の核心部分ですらあった。

ローズヴェルトは、「四つの自由」や「大西洋憲章」などの演説ないしスローガンの価値を信じていた。彼は、それらは「守ることができないので意味がないと論難する者がいるが、私はそのような人々に対して腹を立てている。」と語った。独立宣言、マグナ・カルタ、十戒▲はどうであろうか。「これら偉大な教訓が今日完全におこなわれていないことは確かである。しかし、私は破壊者になるよりも、建設者になりたい」。普遍的価値を信ずる理想主義者としての一面である。大西洋憲章には地政学的用語あるいは帝国主義的発想は含まれ

▼独立宣言、マグナ・カルタ、十戒　これらの文書の意義については、二〇〇八年の選挙戦でバラク・オバマも同趣旨の発言をしている。

ておらず、そこではもっぱらアメリカ的な新しい世界像が語られていた。

日本の動向

アメリカは三九年七月、日米通商航海条約の破棄を通告し、さらに四〇年七月末、限定的な経済制裁を日本に科したが、その後日本はインドシナ北部に進駐した。それに対して、アメリカは鉄と鋼鉄の全面的禁輸で応じた。日独伊三国同盟が締結されたのはその直後であった。

四一年夏、チャーチルは日本に対して強硬な態度で臨んだ。彼はアメリカからの強い警告のみが、日本の東南アジア侵攻に対してなんらかの抑止力をもつと信じていたし、万が一日本が暴走しても、それはアメリカの参戦をもたらしてくれると期待した。

それに対して、ローズヴェルトは大西洋およびイギリス支援を優先しており、二正面作戦に対応する軍備強化のための時間を欲していた。ローズヴェルトは、日本との早期開戦は「まちがった時期のまちがった海洋でのまちがった戦争」であると確信しており、陸海軍も同意見であった。

対日政策に関して、ローズヴェルト政権内は二つに割れていた。強硬論者もいたが、ハルとウェルズ▲は例えば石油の禁輸は戦争を誘発すると考え、やや融和的な方針を提唱した。ローズヴェルトも後者を支持した。

しかし、日本が四一年七月下旬南部仏印進駐を開始したのを受けて、アメリカはただちに在米日本資産の凍結、ついで対日石油輸出の全面禁止という経済制裁で対抗した。ローズヴェルトは禁油を避けるつもりであったが、対日強硬派の官僚によって事実上禁油となってしまった。

ドイツが潜水艦作戦を展開するなか、イギリスの死活問題となる武器をアメリカが大量・迅速に運搬するために、船舶の護衛が必要であった。ローズヴェルトは大西洋方面で既定方針どおり、四一年九月一日からイギリス船団をアメリカ海軍が護衛することを命じた。大西洋艦隊指令長官キングの大西洋艦隊の任務は、Uボートの情報を伝えることからイギリス商船の護衛に変わった。チャーチルは、この海上でのアメリカの宣戦布告なしの戦いが、いずれは宣戦布告したうえでの陸上戦に転化していくことを期待していたのである。

それに対してローズヴェルトは、アメリカの参戦は、ドイツが先にアメリカ

▼**サムナー・ウェルズ**（一八九二〜一九六一）　三七〜四三年まで国務次官を務めた。ローズヴェルトはハル国務長官よりウェルズを信用かつ重用した。

を攻撃した場合にかぎられるとの判断を固めていた。九月十一日、四一年の二回目の炉辺談話において、ドイツの潜水艦が米海軍の駆逐艦を突然かつ意図的に攻撃したと発表し、今後ドイツのUボートを発見しだい発砲すると説明した。九月下旬におこなわれた世論調査によれば、国民の六二％がローズヴェルトの方針を支持していた。七〇％がアメリカは中立を守るよりドイツを負かすほうを重視すべきだと答えた。

四一年の九月から十月にかけて、アメリカ艦船の撃沈▲があいついだ。ローズヴェルトはイギリスの輸送船を護衛するつもりはないと国民に語りながら、実際には護衛船を配備した。十一月半ばに中立法が再度改正され、商船の武装が可能になった。上院で五〇対三七、下院で二一二対一九四という僅差での可決であった。これは同月中に実施された。実質的に、アメリカはドイツとの戦争に参加していたともいえる。歴史家ビアード▲らは、これは議会決議なしの参戦であり憲法違反であると批判した。ローズヴェルトには国民世論に寄りそう部分と、憲法的あるいは法的な限界領域まで挑戦する部分が併存していた。

大西洋情勢が緊迫するなか、太平洋をはさむ日米では戦争回避が試みられた。

▼**アメリカ艦船の撃沈**　四一年九月に貨物船ピンクスターが、その翌月には駆逐艦カーニーが撃沈された。その二週間後駆逐艦ルーベン・ジェームズが沈められた際には、アメリカ船員一〇〇人以上の命が奪われた。

▼**チャールズ・ビアード**（一八七四〜一九四八）　アメリカの著名な歴史家・政治学者。コロンビア大学教授、アメリカ政治学会および歴史学会の会長を歴任。著書『合衆国憲法の経済的解釈』で知られる。

マーシャルはスタークとともに一九四一年十一月初頭、ローズヴェルトに日本との平和を維持してくれるよう要請した。マーシャルは石油禁輸措置や他の輸出制限の緩和すら支持していた。

日本においても、近衛首相▲が四一年秋にローズヴェルトとの頂上会談を提案した。ローズヴェルトは当初乗り気であったが、ハルや国務省極東部は事前に成果が確約されていないかぎり反対であった。ハルらは、近衛首相の軍部を抑える意欲と力について懐疑的であった。そもそも近衛は三七年の中国侵略の時の首相ではなかったかと、ハルは回顧録に記した。それまでの日本軍の独走と、それを抑えられなかった日本政府の実績をかえりみると、ハルらの懐疑は根拠なしとしない。こうしてローズヴェルトはハルに交渉を継続させることを求めたが、近衛は四一年十月十六日に辞任し、頂上会談は幻となった▲。

ハルは日本に対する不信感を強くもち、日本が交渉しながら戦争準備態勢にはいっていることに立腹して、アメリカの政策を緩和することに反対した。日本への返書は部下により通常の手続きにそって作成されたが、それは日本に対してインドシナと中国からの全面的撤退を要求していた。日本側はこれを最後

▼近衛文麿（一八九一〜一九四五）日本の首相（一九三七〜三九、四〇〜四一）。

▼失われた機会　近衛文麿首相の提案には、ドイツ・イタリアとの三国同盟の骨抜き、満洲を除く中国からの軍の撤退も含まれており、日本政治の文脈では大胆なものであった（満洲は今後の交渉に委ねるとされていた）。

通牒と解釈した。マーシャルとスタークはさらなる時間稼ぎをローズヴェルトに訴えたが、ハルは「私はこの件から手を引きました。あとは貴殿［スティムソン陸軍長官］とノックス（海軍長官）の出番です」と答えたのであった。

マーシャルは十二月七日、日本軍の動向に警戒を呼びかける連絡を、民間企業の電報で送信した。盗聴防止機能つき電話の安全性が確信できなかったからである。優先順位の高いマニラ、パナマにまず送られ、最後にハワイに送られたが、その時には日本軍の攻撃がすでに始まっていた。

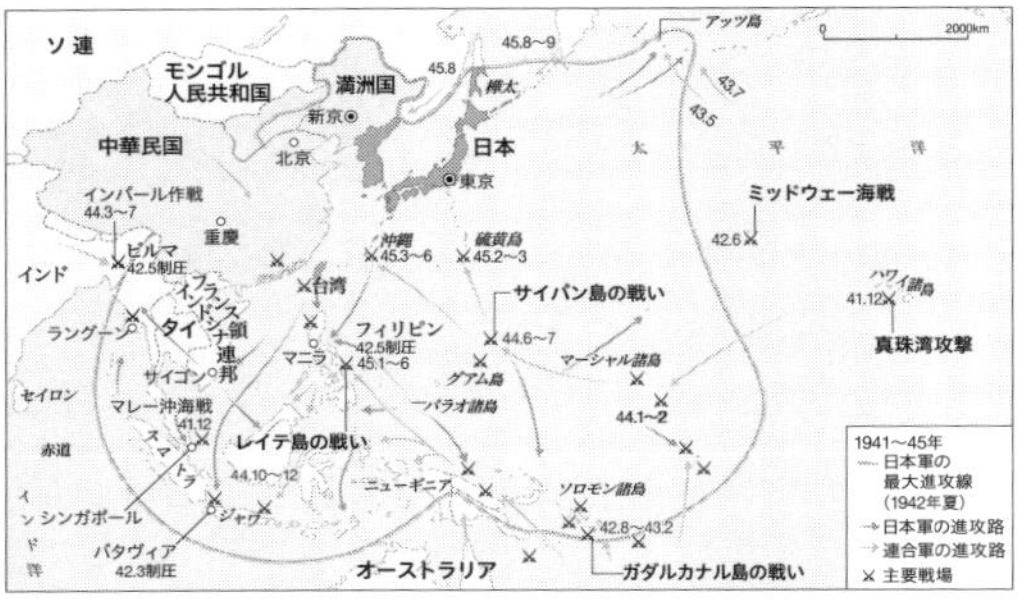

太平洋戦争

パールハーバー

「パールハーバー空襲さる。演習ではない」との第一報がワシントンに届いた時、ノックス海軍長官は「そんなはずない。フィリピンの間違いだろう」と述べた。アメリカ時間で四一年十二月七日、日曜日のことであった。

ローズヴェルトは海軍長官ノックスからの電話によってパールハーバー奇襲を知り、一八分間何もしないで過ごした。

このニュースの到来はチャーチルにとって、純粋に至福の瞬間であった。

海軍長官ノックス（中央）　ノックスはフォレスタルを海軍次官として迎え入れ、パールハーバー後キングを合衆国艦隊司令官に起用した。

「アメリカがわれわれの側についたのは、私にとって最大の喜びだった」と彼は書いた。彼は、これで勝利を確信した。イギリス人はアメリカについて、軟弱で分裂しており、口ばかり達者で血を流すのが嫌いだと思い込みがちだが、チャーチルはそれが誤りであることを知っていた。彼の母はアメリカ人であったし、自ら南北戦争を研究したこともあった。このようなチャーチルの認識に対して、日本はアメリカが精神において軟弱であり、緒戦で敗北を喫するとすぐに和睦に応ずると期待していた。アメリカについてのとんでもない過小評価・誤解であった。ちなみに、日本はハワイと同時にマレー半島も攻撃していた。イギリスはアメリカより数時間前に日本と戦争状態にはいった。ドイツは十二月十一日、アメリカに対して宣戦布告した。

　ローズヴェルトはこのヒトラーの決定に胸をなでおろした。ヒトラーは彼がもっとも必要としていたもの、すなわちドイツと戦争する大義を与えてくれたのである。これなしでは、アメリカは日本と戦争しながら、ドイツとは戦えない状態におかれるところであった。

　とはいえ、ハワイで米軍がこうむった被害は甚大であった。戦艦八隻（四隻撃沈、四隻撃破）、駆逐艦三隻、軽巡洋艦三隻、軍用機三〇〇以上が爆撃された。民間人をあわせて三五〇〇人が死亡した。アメリカはその後も敗走を続けた。もっとも避けたい二正面作戦を突然しいられたという事実は、重くのしかかっていた。

大西洋では、船舶を護衛する駆逐艦等がアメリカ海軍に不足するなか、ドイツのUボートがイギリス・ソ連に向かう船舶を徹底的に破壊した。太平洋では一〇隻の空母を所有していた日本に対して、アメリカ海軍はわずか三隻しか保有しておらず、損傷を受けたわずかな戦艦で日本の多数の戦艦と対峙しなければならなかった。

イギリス・アメリカは統合参謀本部を立ち上げて、戦略を調整する態勢を整えた。四二年一月一日に連合国共同宣言が発出され、英米中ソが署名した。翌日にはさらに二二カ国が参加した。

第二戦線の含意

四二年六月、ソ連外務大臣モロトフ▲がワシントンを訪問した。モロトフはソ

▼**ヴァチェスラフ・モロトフ**（一八九〇～一九八六）　人民委員会議議長（首相）、外務人民委員、外務大臣（外相）などを歴任。第二次世界大戦前後をつうじてスターリンの外交を忠実に支えた。

連の「新しい国境」(具体的にはソ連領が大きくポーランド領に膨張すること)を求め、さらにブルガリア、ルーマニア、フィンランドをソ連の支配下におくことを要求した。ローズヴェルトにとってこれらは即答できない難問であった。

それに対して、モロトフが求めた早急な第二戦線開始について、ローズヴェルトは四二年に開くことをいったん約束した。しかしチャーチルの反対によってこの約束は守られず、スターリンのアメリカ・イギリスへの不信感の一つの原因となった。

チャーチルはむしろ、北アフリカでの作戦▲を求めた。ローズヴェルトは国民の関心をドイツの脅威に向けさせるために、四二年中に大西洋をわたる作戦が必要であると考え、北アフリカ作戦に同意し、結局こちらが採用された。

ローズヴェルトはモロトフに対し、「四人の警察官」構想を披露した。これはドイツ・日本・イタリアを打倒したのち、アメリカ、イギリス、ソ連、そしておそらく中国のみが武装を許され、四人の警察官が一緒になって平和維持の使命を遂行するという構想である。これはウィルソン主義の修正版であり、普遍的大義を愛するアメリカ国民にアピールする案であった。もっとも、ローズ

▼北アフリカの戦略的重要性　北アフリカのドイツ軍はやや脆弱であり、連合軍はここからイタリア半島に攻めあがる作戦につながっていった。またエジプトはイギリスにとって重要な植民地であった。

ヴェルトはイギリスと中国の力を、またソ連の善良さを過大評価していた。とくに警察官の一人であるソ連が、与えられた仕事を遂行しない場合について、十分熟慮されていなかった。ちなみに、ソ連は勢力範囲的発想でこの構想を解釈し、支持した。

スターリンは外交で勝ちとれるものはすべて獲得し、不必要な戦いを避けつつも、さらに力づくでとれるものをとろうとした。問題は自分の軍隊がどこまで到達できるかであった。スターリンは語った。「この戦争は過去の戦争と違う。誰でも領土を占領する者は、自国の社会制度を押しつける。誰でも自国の制度を、軍隊の達するかぎり押しつけることができるのだ」。キッシンジャー▲は、テヘラン会談(後述)は一五カ月前、すなわちソ連が敗色濃厚である時にこそ開催されるべきであったと指摘している。

四一年から四五年までのアメリカによる武器貸与事業において、イギリスが最大の約三一六億ドル分を受け取り、次に多いのがソ連で約一一〇億ドルであった(フランスが三位で約三三億ドル)。ソ連がどの程度感謝したかは別として、アメリカによるソ連への軍事支援は実質的なものであった。▲

▼ヘンリー・キッシンジャー(一九二三〜二〇二三) 外交史家。ハーヴァード大学教授から国家安全保障担当大統領補佐官、国務長官を歴任。『外交』など多数の著書がある。リアリスト的外交思想を代表する人物。

▼ソ連にとっての武器貸与事業 四三年のテヘラン会議で、スターリンは「レンドリースを通して我々が受け取った米国製車輌がなければ、ソ連は戦争に負けていただろう」と述べている。またフルシチョフもその回想録で、スターリンは同じことを、ソ連国民にはいわなかったが、自分には幾度も打ち明けたと述べている。

ソ連軍の軍用車両の三輌に一輌は米国からの「貸与」(ソ連は返却をほとんど拒否したので実質は供与)であった。戦車は米・英・カナダで一万二〇〇〇輌、航空機は米・英で一万九〇〇〇機であり、ある歴史家の試算によれば、それはそれぞれソ連の生産量の二四%、三〇%に及んだ。保坂三四郎『諜報国家ロシア』(中公新書、二〇二三年)。

ちなみに、領土的野心をもたないという大西洋憲章にもり込まれたアメリカの要求にチャーチル以上に抵抗したのは、スターリンであった。彼は東ヨーロッパが例外であることを主張した。ドイツを徹底的に弱体化することと並んで、東ヨーロッパ一帯を緩衝地帯として勢力圏におくことがソ連の目標であった。この点で、米ソは当初から同床異夢であった。これがのちの冷戦の一つの原因であった。

ソ連に対する支援は、イギリス同様アメリカ国内でも意見の分かれる争点となった。孤立主義派のタフト上院議員▲(共和党)は、共産主義の勝利はファシストの勝利よりはるかに危険だと喝破した。フーヴァー前大統領もソ連への援助に反対を表明した。「ドイツが勝ちそうならロシアを支援すべきだ。ロシアが勝ちそうならドイツを援助すべきだ」と述べたのは、ほかならぬトルーマン上院議員▲(民主党)であった。

ローズヴェルトは逆にソ連がドイツの攻撃を前にして、もちこたえられるかどうかを心配していた。ソ連の戦線からの離脱、さらにはドイツ側への寝返りの可能性ついてすら懸念していた。

▼ロバート・タフト(一八八九〜一九五三) オハイオ州選出、共和党の上院議員。父はタフト大統領(在位一九〇九〜一三)。ミスター・リパブリカンと呼ばれた。孤立主義勢力を代表する政治家。

▼ハリー・トルーマン(一八八四〜一九七二) ミズーリ州選出、民主党上院議員。のちに副大統領・大統領となり、ソ連に強硬な政策を推進する。

アメリカは軍事と外交を別に考える傾向が強い。いったん戦時となると、軍事の論理に徹し、最短かつ最小限のコストで勝利をめざす。ローズヴェルトはその典型例であったかもしれない。しかし、イギリスは戦いながら、戦後の国際秩序について思案する。イギリスはまた、インド、東インド諸島、中東、地中海など、さまざまな地域に権益をもっていたため、異なる戦略を考える傾向があったので、ローズヴェルトとチャーチルはしばしば衝突した。▲
チャーチルはとくにドイツ軍がソ連戦線で敗走し始めたあとでも、スターリンが執拗に第二戦線を要求したことについて、米英軍をバルカン半島から遠隔の地にとめおく狙いが込められていると疑った。キッシンジャーも、スターリンにとって第二戦線が魅力的であったのは、東・中央ヨーロッパから遠いからであったと指摘する。

▼**軍事と外交の峻別**　ここにはアメリカとイギリスの相違も存在するが、アメリカのなかでの違いにも注意する必要がある。後述するように(二一四頁以降参照)、ローズヴェルトの対ソ政策は後任大統領トルーマンによってかなり変更された。

指令体制の混乱と大戦略

イギリス軍との最初の戦略会議に臨んだ際、アメリカの司令官たちは大戦略について発言する準備がほとんどできていなかった。「われわれは、いかに戦うかを計画するイギリスとの共同作業において、赤ん坊のような存在であった」とアイゼンハワーの副官ハンディ准将▲は語った。
ローズヴェルトは概して規則を好まなかった。マーシャルは、ローズヴェルトの戦争遂行があまりに規則から逸脱する傾向が多いことに驚かされた。イギリスもローズヴェルトの手法に慣れる必要があった。スティムソンによれば、政府内の問題の三分の二はローズヴェルトの「下手な政府運営にともなう乱雑な組織網」に起因していた。

マーシャル陸軍参謀総長とアイゼンハワー▲は、勝利への最善の方法は、四二年に圧倒的な兵力をイギリスに移し、翌年北フランスに上陸することであると考えた。それに対して、ローズヴェルトは地中海周辺で可能な軍事作戦を展開する案に関心を示した。当初第二戦線を支持したが、太平洋での犠牲がふえるにつれ、ローズヴェルトは準備不足で強行される上陸作戦は大惨劇をまねくだろうと心配しはじめた。ローズヴェルトとしては、既述したように、四二年のうちにアメリカ軍がドイツ軍と戦闘を開始できさえすれば、ある意味で連合軍がどこに上陸してもよかった。

▼トーマス・ハンディ（一八九二〜一九八二）　アメリカ陸軍の軍人。四四年に陸軍副参謀総長に昇任した。

▼ドワイト・アイゼンハワー（一八九〇〜一九六九）　パールハーバー後に陸軍参謀本部戦争計画局次長、四二年三月から参謀本部作戦部長。四三年連合国遠征軍最高司令官となり、四五年から四八年まで陸軍参謀総長。五三年から二期八年大統領を務めた。

戦況は四二年六月頃から米英ソないし米英側に好転した。四三年一月までのスターリングラード攻防戦でソ連が勝利し、ドイツがソ連に勝利する可能性はほぼ消えた。太平洋戦線でも米軍は四二年六月のミッドウェー海戦で日本軍の空母四隻を撃沈し、四四年には大規模な新空母群を完成させた。

四三年一月十四〜二十四日にかけて、モロッコのカサブランカにおいてローズヴェルトとチャーチルが会談した。ここでローズヴェルトは無条件降伏を追求する方針を表明したが、これはスターリンを安心させるためであった。これは、アメリカ・イギリスは勝手に、あるいは中途半端なかたちでドイツと講和を結ばないという意思表示であり(かつてレーニンはドイツと単独講和を結んだ)、ソ連が単独でドイツで戦う恐怖を与えないためであった。

しかし、この発表は摩擦を生んだ。これによって日独伊が容易に降伏しない可能性が増した。ローズヴェルトはチャーチルとも軍指導者とも相談することなしにこの決定をくだしたため、チャーチルは憤慨し、ハルも反対した。しかし、結局これが連合国の方針となった。

四三年五月上旬、ローズヴェルトとチャーチルはワシントンでふたたび会談したが、そのおり、チュニジアでドイツ軍が降伏して北アフリカでの連合国の勝利となった。こののち、米英はシチリア上陸作戦を四三年七月に実施し、翌年五月に北フランスに上陸することでおおよそ合意した。

チャーチルは四三年八月にケベックにはいり（第一回ケベック会談、四三年八月十七～二十四日）、ここで第二戦線実施は四四年五月一日とされた。

なお、動員開始から三年後の一九四三年春、アメリカ陸軍兵士の数は五〇〇万人足らずから四三〇〇万に増加しており、年末までに総勢七五〇〇万人となることを大統領は承認した。これほどの急速な動員は歴史上、ほかに例はないであろう。終戦時、アメリカ軍は総勢ほぼ一二〇〇万人に達していた。

四三年十一月、ローズヴェルトはカイロに赴き、チャーチル・蔣介石と会談し（カイロ会談）、カイロ宣言が発表された。それは日本が無条件降伏するまで戦うことを表明し、また満洲・台湾・澎湖諸島を中国に返還し、朝鮮を独立させることを求めていた。

テヘラン会談へ向けて

一連の米英交渉においてイギリス政府関係者が驚いたことがある。それは、米軍司令部機能の弱さであった。「各軍参謀総長の定例会議がない」。「記録をとる書記がいない」。「大統領は片手間にしか参謀たちと会わない。会っても記録はない。閣議もない」。「組織全体がジョージ・ワシントン時代のものである」。ローズヴェルトの行政手法にも問題があった。一人の補佐官を通して職務を遂行するのは不得手であり、「大統領補佐官は三人でなく少なくとも一二人はいたはずである」。

ローズヴェルトは外交目標や交渉、重要事項などにつき、自分と少数の側近とのみ共有し、しばしば副大統領・国務長官・主要閣僚・国務省さえ蚊帳の外においた。個人的な好き嫌いあるいは相性も影響していた。▲

これと異なった意味で、ローズヴェルトの外交については個人外交という特徴を見出すことができる。それはスターリンとの個人的信頼関係に対する確信である。ローズヴェルトは自分が「アンクル・ジョー」(米英側が付けたスターリンのあだ名)と直談判することによりほとんどの問題を解決できると信じて

▼**外遊随行団の構成**　ローズヴェルトは戦時中、国際会議の随行団を極力小さくしたが、その理由の一つはハルを除外する口実をつくるためであった。ハルも、例えばテヘラン会談についてはその「詳細な報告を見ることも許されていないのだ」と述べている。

いた。これは自分の人間的魅力についての過信から発している面もある。彼が強くスターリンとの会談を望んだのも、彼と直接話すことで多くの問題を、さらには何十年も続いてきた米ソ間の相互不信さえ、解決できると期待していたからである。

ローズヴェルトは、政治というものは結局政治家の個性の問題であると考えていた。チャーチルの主治医であるモラン卿は日記に書いた。ローズヴェルトは「スターリンも基本的にはほかの人間と変わりないはずであると思ったのであろう」。しかし、膨大な数の自国民を虐殺し、多数の政敵を暗殺してきたスターリンは、ローズヴェルトの想像の域を越えた世界の人物であった。

いうまでもなく、ローズヴェルトは軍事的な意味で、すなわちドイツを打倒し米軍の被害を極小化するため、ソ連の軍事的貢献の必要性を痛感していた。むしろ、スターリンが突如ヒトラーと妥協ないし和議をおこなうことを強く懸念していた。その結果必然的にローズヴェルトは、ソ連による戦争での貢献に対して十分報いなければならないと考えていた。ただし、スターリン個人については、「あんな馬鹿者をあつかうのはわけないよ」と親しい人にもらしてい

▼ローズヴェルトとチャーチルの関係　一九四二年初頭、チャーチルがホワイトハウス滞在中にローズヴェルトは彼の部屋を急にたずね、一糸まとわぬ姿のチャーチルと遭遇した。ローズヴェルトは出直そうとしたが、チャーチルは「お気づかい無用、イギリス首相はアメリカ大統領に対してなんらかくすべきものはありません」と答えた。

テヘラン会談における三巨頭　右からチャーチル、ローズヴェルト、スターリン。

たこともある。ちなみに、これまでみてきたように、ローズヴェルトはチャーチルと、ときに国益をかけて衝突しつつ、基本的には協力関係を維持した。▲

四三年十一月、ローズヴェルト、チャーチル、スターリンはテヘランにおいてはじめて一堂に会した(テヘラン会談、四三年十一月二十八〜十二月一日)。ローズヴェルトはスターリンとの会話で最初は難渋したが、途中から二人だけの私的な会話でチャーチルをからかうと、スターリンは打ち解けた。ローズヴェルトは「その時から、われわれの関係は個人的なものとなった」とパーキンスに明かした。ローズヴェルトの思い過ごしの可能性もあり、そうでなくてもおそらくは甘い判断であった。

ここで第二戦線▲について、三国間で決着をみた。これはソ連がドイツと単独講和を結ぶことを防ぐためでもあった。しかし、ポーランドとドイツの戦後のあり方をめぐって、米英とソ連の意見は対立したままであった。それに対して、スターリンはこの会談において、ドイツを敗北させたのち、日本に参戦することを約束した。

チャーチル、ローズヴェルトとも、スターリンを信用できる同盟者としてあつかったわけではない。例えば、原爆開発の秘密は明かさなかった。ソ連によるカチンの森事件▲への加担、戦後のヨーロッパへの膨張の野心、あるいはヒトラーと先んじて和睦する可能性など、多数の懸念が存在していた。

四三年十二月十七日の記者会見でローズヴェルトはスターリンについて、自分同様「リアリスト」であると答えた。ローズヴェルトは、アメリカがソ連の抑圧的体制を変改する力をもっていないことを理解していた。さらに彼は、ソ連の協力が最小限のコストで勝利するためには不可欠であると信じていた。また、ローズヴェルトは世界に対して、とりわけアメリカ世論に対して、連合国とくに米ソ間の協力とその重要性を強調する必要性を感じていた。それは世論に、アメリカが戦後世界に積極的にかかわることを支持してもらう必要があったからである。そのさきには、国際連合樹立の計画が横たわっていた。

この頃、ローズヴェルトの健康が深刻な問題となりはじめた。以前から悪化の兆候は存在していたが、テヘラン会談後の四四年三月末にベセスダ海軍病院の心臓専門医の診察を受け、周囲を愕然とさせる結果が出た。心臓は肥大化し、血圧は危険値にまで達し、心臓の左の心室は正常に閉じない状態になっていた。

▼第二戦線　テヘラン会談では四四年五月と合意されたが、実際には六月六日に実行された。

▼カチンの森事件　第二次世界大戦中の四〇年春頃、ソ連軍によってソ連のスモレンスク近郊のカチンの森などでポーランドの将校・国境警備隊員・警官・官僚・聖職者ら二万二〇〇〇〜二万五〇〇〇人がソ連内務人民委員部によって殺害された事件。ドイツが四三年四月に公表したが、ソ連はドイツ軍による殺害であると反論した。しかし、ゴルバチョフの時代になってソ連は非を認めて謝罪した。

▼ワルシャワ蜂起　ソ連軍のワルシャワ接近に呼応しておこなわれた四四年八月のワルシャワ市民地下抵抗組織によるドイツ占領軍に対する蜂起。ソ連は突然ワルシャワへの進軍をとめ、蜂起を支援しないどころか見殺しにし、さらに英米による空輸による蜂起支援も拒否した。

▼ルブリン派　ポーランド国民解放委員会が正式名称。一九四四年に結成された。ルブリン委員会とも呼ばれる。スターリンの公認のポーランド政府として、ロンドンを拠点としたポーランド亡命政権に対抗した。

心臓専門医は鬱血性の心不全と診断した。損傷が進んだ心臓はもはや有効に血液を送り出せなかった。当時、高血圧の治療法はかぎられており、一年以上生存できそうもなかった。ただし、大統領主治医からの命令もあり、専門医は病状について一言もローズヴェルトに告げなかった。

四四年九月、ローズヴェルトはチャーチルとケベックで再会した（第二回ケベック会談、四四年九月十二〜十六日）。この時、チャーチルは、ソ連がヨーロッパの東部と東南部に膨張することをますます懸念するようになっていた。とくにワルシャワ蜂起▲を支援しようとしないソ連の姿勢に激怒し憂慮していた。それに対して、ローズヴェルトは依然対日戦でのソ連の協力を期待していたため、この問題でのチャーチルとの共同歩調を拒否した。ローズヴェルトはソ連の膨張を懸念しながらも、チャーチルは長年の反共主義に固執しすぎていると感じたのである。

それでもローズヴェルトとスターリンは四四年十二月、ポーランド政府のあり方をめぐって激しい応酬を展開した。ソ連が強引に、ソ連が支援するルブリン派▲を正統政府としようとしていることについてローズヴェルトは怒り、スターリンに抗議した。しかし、スターリンはゆずらなかった。

ソ連に対して弱腰であるとの批判にたいして、ローズヴェルトは、アメリカは占領の現実を変更する能力をもたないと応じた。ローズヴェルトによれば、ソ連は東ヨーロッパにおいて軍事的支配権を確保しているのであって、われわれに唯一実現可能なことは、われわれがもっている影響力を行使して、状況を改善することである。ローズヴェルトは批判者にたいして、「ソ連と戦争をしろというのですか」と答えたこともある。ここまで現実が進んでしまうと、既成事実の重みは押し返しがたいほど巨大であった。

ヤルタ会談へ向けて

既述したように、ローズヴェルトは大西洋憲章において恒久的国際平和機構についてふれていた。カイロとテヘランでの会談を終えたローズヴェルトは、四三年のクリスマスイブの炉辺談話で、アメリカ、ソ連、中国、イギリス、そしてこれらの同盟国を加えた地域は、世界の四分の三の人口を擁していることを国民に語った。「これらの四カ国が強力な軍事力を保持したまま団結すれば、

▼**ノルマンディー上陸**　連合軍は初日だけで一五万人、作戦全体では二〇〇万人が英仏海峡を渡ってフランスに上陸した。文字通り史上最大の作戦であった。

侵略国家が世界戦争を開始する可能性はなくなるでしょう」。四三年秋の米英中ソの外相会談において、ハルは世界機構創設に協力する言質を三カ国から取りつけていた。

四四年六月六日、ついに第二戦線が開かれた。すなわち連合軍はノルマンディー上陸作戦▲を決行し、大きな被害を出しながらもフランス上陸に成功し、八月二十五日にパリを解放した。ローズヴェルトは四四年九月十七日にケベックからハイドパークに疲労困憊で戻った。そこでチャーチルにたいして、国連立ち上げについて強い執念を披露した。「これは希望ではありません。これはわれわれ三人にとって『なければならないもの』なのです」。「失敗はありえません」。ローズヴェルトはこう語った。

それに対してスターリンは、二度目の三者会談開催を可能な限り遅延させようとした。それは、あとになればなるほどソ連軍がドイツ国内奥深くに進入し、ソ連の立場が強くなるからであった。会談場所も黒海地域を強く主張してゆずらず、はるかに健康状態が悪いローズヴェルトのほうが譲歩してクリミア半島ヤルタに赴くことになった。

四五年二月、ローズヴェルト、チャーチル、スターリンはヤルタにてふたたび会談した(ヤルタ会談、二月四日〜一一日)が、ソ連はポーランドの軍事的支配、対日戦に使用できる一〇〇万人の軍隊、そして国連立ち上げを妨害するさまざまな手段など、多数の持ち札を有していた。ここで米英ソ三カ国は、国際連合の基本的構成と、ソ連とポーランドの新たな国境について合意に達した。ソ連対日参戦についても、千島列島のソ連への引き渡し、ドイツ降伏後三か月以内に開始などの条件で合意が成立した。それにたいして、ソ連が支持する共産党主導のポーランド政府のあり方については、秘密投票による自由な選挙を求めるアメリカ・イギリスと、それに反対するソ連の意見が正面から対立した。ドイツの将来に関しても、再建を支持するアメリカ・イギリスと、賠償と分割によって徹底的な弱体化を主張したソ連の間で見解が分かれた。

この頃、ソ連の赤軍は東ヨーロッパのほぼ全域を解放しつつあり、スターリンの政治的立場は格段に強化されていた。戦時の交渉は、軍事状況によって大きく規定される。アメリカ国内でローズヴェルトは、ポーランド問題などで過度に妥協したとの批判をあびた。

ヤルタでの二回目の会談において、ローズヴェルトはアメリカがドイツに駐留するのは二年が限度であると発言した。ローズヴェルトは持論を披露したにすぎなかったが、チャーチルは驚愕した。彼は、アメリカが、徐々に手に負えなくなりつつあるソ連を牽制できる西側の指導者になってくれると信じていたからである。それにたいして、ローズヴェルトはヨーロッパの平和を守るのはイギリスとソ連の役割であると考えていた。ローズヴェルトのここでの発言は、ローズヴェルトあるいはアメリカ自身、四人の警察官の一人として世界の安全保障維持に十分な役割をはたす準備ができていなかったことを示唆している。ローズヴェルトはアメリカの伝統に従い、また世論が求めるとおり、終戦とともに大規模な動員解除をするつもりでいたのである。

戦後の秩序維持について、ローズヴェルトはかなりの程度イギリスを頼っていた。すなわち、アメリカ一国が大きな負担を背負うことについて消極的であった。イギリスの国力を過大評価していた面もある。彼は、第一次世界大戦終了後のように上院が講和条約を批准しない可能性も心配していた。これゆえに、国際連合立ち上げも、勝利への興奮が冷めやらぬうちに決めておく必要があると考えた。スターリンは、安全保障理事会の常任理事国が拒否権を行使できることを強く求め、この要求を認めさせた。

もっとも、ローズヴェルトが国連のもとで平和が永続的に確保されると素朴に信じたわけではない。彼の希望はかなりささやかなものであった。ローズヴェルトによれば、第一次世界大戦と第二次世界大戦の間にはほぼ二〇年しかなかった。ローズヴェルトが望んだのは、とりあえず二五年から三〇年継続する平和なのであった。

チャーチルとスターリンは、ポーランド問題で激しく対立した。イギリスにとって、それは国家としての威信にかかわる問題であった。イギリスがドイツに宣戦したのは、まさにポーランド侵攻がきっかけであった。しかしソ連にとって、それは単なるプライドの問題でなく、安全保障にかかわる問題であった。それにたいして、ローズヴェルトはこれをやや重要性の低い問題とみていたので、ほとんど口をはさまなかった。ローズヴェルトにとって、国際機構の樹立とソ連の対日参戦のほうがはるかに重要であった。なにより、赤軍がポーランドのほとんどを軍事的に占領してしまった以上、英米に勝ち目はなかった。ポーランド問題については、その政府そのものが自由で独立しているかぎり、国境に関しては、ソ連が望むようにポーランド全体を西に移動させることで妥協してもよいとローズヴェルトは感じていた。

その後ローズヴェルトとチャーチルはスターリンに、ワルシャワの政府にロンドン亡命政府の指導者たちも含めるために、「より広い民主主義的基盤にもとづいて再編成される」べきであること、そして「自由で拘束のない選挙」が早急に、すなわちおおむねひと月以内に実施されることに同意させた。側近からソ連が遵守しない可能性が指摘された時、ローズヴェルトは「わかっている、しかしあれが、私がポーランドのためにできることのすべてなのだ」と答えた。

こうしてヤルタ会談でポーランド新政府について合意したにもかかわらず、懸念どおりスターリンがそれを遵守しなかったため、ローズヴェルトは困難に逢着した。チャーチルはヤルタ会談後、強硬措置をとらないとポーランドにおける民主主義の希望は消えてしまうと警告してローズヴェルトに介入を促した。ローズヴェルトも四五年三月二十七日、チャーチルにソ連の態度の変化について憂慮を伝えた。また四月一日には、スターリンにポーランド問題での約束がはたされていないことについて「失望」を伝えた。しかし、ローズヴェルトはスターリンと対決することにより国際連合というさらに大きな夢がついえてしまうことも恐れた。結果的に、ローズヴェルトは国際的集団安全保障機構を成功裏に立ち上げようとしてほかの問題で譲歩をかさねるという、ウィルソンと同じ陥穽《かんせい》に陥ったのである。

ポーランドは三九年以降、最大の犠牲者かもしれない。三〇年代のポーランドは軍備を縮小して、ドイツとソ連という隣国への脅威をなくし、侵略の口実を与える機会を回避するためにできることはほぼなんでもした。しかし、まさにそれゆえに、ヒトラーとスターリン双方による侵略を誘発した。相手しだいでは、自らの善意と一方的平和主義、武装解除は、むしろ侵略にたいする招待状となる。

ただし、ソ連もヤルタではいくつかの妥協に応じていた。ドイツからの巨額の賠償は断念し、ドイツ占領へのフランス参加を拒否したかったが、結局受け入れた。

ソ連の対日参戦問題では、スターリンにとって最大の関心事はその見返りになにをえられるかであった。スターリンは千島列島と南樺太だけでは不満であり、旅順の基地、大連へのアクセスなどを求めた。ローズヴェルトは譲歩したが、蔣介石との協議を要求した(これは蔣介石を正統政府として認めよという要求でもある)。じつはこの頃、マーシャルはソ連に対日参戦を求めること自体問題であると考え始めていた。

ベルリン占領が迫ったこの時期、チャーチルはソ連でなく英米がベルリンとウィーンを先に掌握すべきと執拗に主張した。これは、戦後のソ連の影響力を抑えるためであった。しかし、アイゼンハワーやマーシャルは同意しなかった。米軍のコストが膨大であると予想されたからである。この時点で「鉄のカーテン」がヨーロッパを分断することを予想していたチャーチルと異なり、マーシャルの目は日本と極東への米軍の移動に向けられていた。

ローズヴェルトは国際連合の発足を見届けてから退任しようと考えていたとも伝えられている。最後の数か月で体重は二五ポンド(約一一キロ)も落ち、夜にカクテルをつくることもなくなった。血圧が二六〇と一五〇となり、主治医はローズヴェルトが好んだ水泳も禁止した。

▼マッカーサーと大統領選挙　四三年末、四四年大統領選挙に向けて共和党内でマッカーサー支持が急速に高まった。本人も意識していたと思われる。しかし四四年四月以降それは急速に萎んでしまった。左手前がマッカーサー、その右がローズヴェルト。

▼チェスター・ニミッツ（一八八五〜一九六六）　米太平洋艦隊司令長官兼太平洋戦域最高司令官として日本軍と戦った。

極東情勢に目を転ずると、キング海軍作戦部長は極東軍司令官のマッカーサーを思いあがりの塊とみていた。キングによれば、マッカーサーはフィリピンから脱出した軍人であったがゆえに、ルソン島は日本から遠い地であったにもかかわらず、そこに戻ることにこだわり、その執念が彼の戦略観を歪めてしまったのであった。

ローズヴェルトもかつて、マッカーサーは「私が知るかぎりもっともうぬぼれが強い人物です」と語った。ローズヴェルトはイッキーズに、マッカーサーとロングは、アメリカにとってもっとも危険な人物であるとも述べた。マッカーサーはハワイにおけるローズヴェルトとの会談において、ローズヴェルトの面前で説得力のある議論を展開し、フィリピン奪還の不可欠性を訴えた▲。

ルソン奪還か台湾進攻かは九月末に決着がついた。ローズヴェルトがフィリピン攻略を支持したのである。日本本土空爆のためには台湾進攻のほうが理にかなう面が多々存在したが、キングはしぶしぶ譲歩し、彼の台湾戦略は放棄された。統合参謀本部はマッカーサーに対してルソン島攻撃を命じた。ニミッツ▲は硫黄島に向かうことになった。

原爆開発およびホロコーストをめぐって

ローズヴェルトとチャーチルは四三年八月のケベック滞在中、原子爆弾について議論した。チャーチルはその研究と製造が、ドイツの攻撃にさらされているイギリスでなくアメリカでおこなわれることに同意していた。ただし、イギリス側はその進捗状況について十分報告を受けていないと感じたため、共同覚書に署名することで合意した。そこでは、研究開発作業全体を完全に共有することを保証し、双方とも秘密をもたないことを約束した。さらに米英両国は、たがいにたいして絶対に当該爆弾を使用しないこと、また他方の同意なしに第三者に対して使用しないことも確約した。

さらに四四年九月、チャーチルはローズヴェルトと二回目のケベック会談をおこなったあと(九四頁参照)ハイドパークまでローズヴェルトに同行して、原子爆弾についてその製造の秘密を英米のみで共有することを決定した。チャーチルの強い求めを受けてローズヴェルトも折れ、引き続き「最高機密」としてあつかわれることについて書面で同意したのである。ロスアラモス▲の科学者は

▼**ロスアラモス**　四三年、ニューメキシコ州ロスアラモスに原子爆弾の開発を目的として国立ロスアラモス研究所が設立された。初代所長はロバート・オッペンハイマー。

TNT（トリニトロトルエン）火薬三万トンに相当する爆弾が四五年八月までにほぼ確実に準備できると予測していた。ローズヴェルトとチャーチルは日本に対して使用できる可能性を検討しはじめた。

　財務長官のモーゲンソー▲はローズヴェルト政権で最高位のユダヤ人であったこともあり、ヒトラーによるユダヤ人強制収容所への対応をまかされた。彼はまた、ドイツの将来についても大きな発言力をもった。それはきわめてドイツに懲罰的なものであった。しかし、陸軍長官スティムソンはドイツ問題を長期的視点から考えていて、彼に反対した。ローズヴェルトはイギリス復興にはドイツの鉄鋼が必要であることを考慮し、当初の立場を変えて最終的にスティムソンを支持した。▲

　ドイツによるユダヤ人虐殺問題へのローズヴェルトの対応については賛否両論が存在するが、結果的にローズヴェルト政権が有効な救済策を講じられなかったことは否定しがたい。

　ローズヴェルトは二四年の厳格な移民法を改正しなかったと批判されるが、移民に厳しい世論と議会、大恐慌、そして軍事的緊張のなかで、それを実行す

▼ヘンリー・モーゲンソー（一八九一〜一九六七）　三四年から四五年まで財務長官。ローズヴェルトの親友。

▼ローズヴェルト政権における職務分担と影響力　ローズヴェルト政権においては、非公式な性格にもとづき、個々人の実力が彼らの影響力を決定するという興味深い特徴が存在した。肩書はあまり意味をもたなかった。財務長官がイギリスへの武器売却を監督し、内務長官が日本への石油輸出を制限し、胃癌で役職から退いたホプキンズに至っては肩書もなくスターリンやチャーチルとの交渉を担った。

る政治的な支持とローズヴェルトの政治的余力が存在したかどうかは疑わしい。それでも、フランス降伏前、アメリカは四万六〇〇〇人から一〇万二〇〇〇人程度のドイツ・オーストリアからのユダヤ系移民を受け入れていた（複数のおもな研究の推計、正確な数は不明）。三八年から四〇年にかけて、アメリカへの全移民の半数はユダヤ人であった。

三八年十一月に起きた水晶の夜事件▲後、ローズヴェルトは強い言葉で非難し、駐独大使を召還して二度とドイツに戻さなかった。それに対して、セントルイス号事件▲ではその対応はやや消極的にみえた。一部の研究では乗客全員がホロコーストの犠牲になったとされているが、実際には少なくともその三分の二の乗客は戦争を生き延びた。

ローズヴェルトは戦時でもホロコーストに沈黙していたわけではない。例えば彼は四二年十二月十七日、チャーチル、スターリンらとともに、ヒトラーによる「野獣のような冷酷な皆殺し政策」を批判していた。アメリカは戦時にアウシュヴィッツを空爆すべきであったとの批判も存在するが、当時の軍事情勢を前提にするとその実施は容易でなかったし、実施しても多数のユダヤ人が巻

▼水晶の夜事件　ドイツ各地において起きたユダヤ人に対する迫害・虐殺行為を指し、ユダヤ人一〇〇人以上が殺害された。この事件をきっかけにドイツにおけるユダヤ人の立場は悪化し、危険にさらされることになった。

▼セントルイス号事件　三九年に九三〇人のユダヤ人がセントルイス号に乗ってヨーロッパからキューバをめざしたが、フロリダ沖まできたものの、そこで下船を拒否され、移民法の規定により入国を拒否され、ヨーロッパに戻った事件をいう。

き添いとなっていたであろう。ローズヴェルトは厳格な移民法と厳しい戦況のなかで苦慮していたが、ナチの早期打倒以外に特効薬はなかったであろう。

戦争と経済

アメリカの政治情勢は日本によるパールハーバー奇襲を受け、大きく変容した。直前まで国際主義者と孤立主義者が激しく争っていたが、その対立軸はほぼ消滅した。ニューディール的国内改革の継続を求める勢力も存在したが、戦争の遂行が最優先課題となった。

民主党と共和党の政党対立は消えなかった。四二年の中間選挙および四四年の大統領選挙は激しく争われた。ただし、これらの選挙は戦時中も憲法の規定どおり実施され、政府批判の自由は戦前同様保証されていた。

アメリカ国民は、全般的に戦争に協力的であった。その最大の原因は、彼らがこれは正しい自衛の戦争であると信じていたためである。彼らは、この戦争は日本による「卑劣な不意打ち」から始まり、アメリカは国民の生命と領土を守ろうとしているだけであると信じていた。また、日本・ドイツ・イタリアい

▼**年俸一ドルの男**　経済界の指導者が名目的な給与を連邦政府から受け取って公務員として勤務した。年俸一ドルの男(a dollar a year man)などと呼ばれた。第一次世界大戦中にも例がみられる。

▼**物価管理局**　Office of Price Administration：OPA

ずれもが、自由と民主主義に否定的な政治体制と価値を体現していたがゆえに、アメリカは容易に、この戦争を自由と民主主義のための戦いと定義できた。政府も、軍需物資の調達にあたって、強制措置の発動を極力ひかえ、十分な利潤を保証した。経済界も、民需の軍需転換にあたって前向きに対応した。多数の経営者が、わずかな給与を受け取って連邦政府入りした▲。

これまでみたとおり、三五年頃からローズヴェルト政権と経済界は対立関係にあったが、戦時にはいりそれは大きく変化した。その結果、連邦政府における経営者の発言権と影響力も増すことになった。それは保守化も意味していた。

連邦政府の課題も、三〇年代から劇的に変化した。開戦前は、生産を制限して価格を引き上げ(インフレーション)、雇用を創出することが課題であったが、開戦後は生産を刺激して十分な軍事物資と十分な労働者を確保し、同時に賃金と物価を抑制しインフレを防ぐことが目標となった。しかし、これは容易なことではなかった。三九年から三年間で工業生産は二倍にはね上がり、一挙に完全雇用が実現したものの、インフレが発生し、政権は四二年四月から物価管理局(ＯＰＡ)▲をおいて、賃金と物価の統制に着手した(四三年四月からさらに厳しい現状凍結令を発出)。

戦争と改革

完全雇用(full employment)と豊かさ(abundance)。これらはニューディール支持者にとって、その夢と理想を象徴する言葉であった。ニューディールの改革によって達成できなかったこれら二つは、日米開戦後またたく間に実現された。さらに四四年に復員兵援護法(通称「GI 権利の章典」▲)が制定され、連邦政府が復員軍人にたいしてさまざまな便益を提供した。復員軍人には、多数の所得の低い若者が含まれていたため、この政策は所得再分配機能が大きく、彼らがミドルクラスに上昇していくうえで大きく貢献した。参戦後ケインズ的政策もますます受容されることになった。

しかし、より広い視野でみると、むしろニューディールはこの時期に縮小されていった。四三年末にローズヴェルトが語った言葉、「内科医『ニューディール医師』はもう役に立たず、外科医『戦争に勝つ医師』の出番だ」が、優先順位の転換を雄弁に物語っている。行政部では経営者の影響力が拡大し、議会

▼復員兵援護法、または「GI(Govermental Issue) 権利の章典」 連邦政府は、復員手当、一人当たり二〇〇〇ドル相当の住宅および事業融資、一年間有効の転職保険、年間五〇〇ドルまでの大学授業料などを提供することになった。これはかたちを変えたニューディール政策の推進であった。

では保守連合の力がとくに四二年中間選挙後に強まった。

四四年の年頭教書にて、ローズヴェルトは国民の一部は依然として、衣食住に事欠いていると宣言し、「第二の権利章典」▲を発表した。それは経済に関する章典であり、まさに十分な衣食住を確保することを中核にした権利である。これらは終戦後にニューディールがふたたび追求すべき目標であった。

戦争と少数集団

既述したように、ニューディールは黒人の境遇改善のために、黒人のみを対象にした施策は試みていなかった。しかし、四〇年代にはいると、黒人問題に関して重要な動きがみられた。四一年夏、黒人運動指導者のランドルフ▲は黒人差別に抗議するため、ワシントン大行進を実行すると表明した。ローズヴェルトは妥協に動き、同年六月に行政命令八八〇二号を発して黒人差別の一部を撤廃した。すなわち、連邦政府内、および軍と取引契約を結んだ民間企業における黒人差別の禁止を命じた(軍隊そのものにおける差別の禁止はトルーマン大統領期に実現)▲。ランドルフも妥協し、ワシントン大行進を中止した。アメリカ軍

▼「第二の権利章典」　有用で報われる仕事につく権利、十分な食料・衣服・レクリエーションを享受するに足る収入をえる権利、まともな住宅に住む権利、十分な医療を受ける権利、老年期の経済的不安や失業からの保護、そしてよい教育を受ける権利。

▼A・フィリップ・ランドルフ(一八八九〜一九七九)　労働運動指導者であるとともに黒人運動指導者。一九二五年に初の黒人主導労働組合である寝台車ポーター同胞組合を組織化した。ローズヴェルト、トルーマン、そしてケネディ政権にたいして黒人の平等な権利獲得をめざして働きかけた。

▼軍における人種統合への軍首脳部の反応　マーシャル将軍、スティムソン陸軍長官らは、軍における人種統合のような「著しく兵士の士気をくじく結果をもたらす危険な試み」は、国際情勢が緊迫している状

の歴史にとって画期的な措置であった。

四四年、合衆国最高裁判所が南部諸州において定着していた民主党による白人のみの予備選挙▲(White Primary)を違憲とする判決をくだした。政党は純粋に私的な結社とはいえず、ほとんどの上院議員・下院議員らが選出される南部民主党の予備選挙は実質的には州政府の一機関(agents of the state)であり、したがってそこでの人種差別は許されないとする判決であった。このように、それまでにはない前進が四〇年代にはみられた。

第二次大戦期に顕著な差別と抑圧を受けた少数集団に、日系人がいた。彼らは以前からカリフォルニア州で差別の対象となっていた。同時に日系人が所有する農場は同州の耕地の一%にすぎなかったが、州の野菜収穫量の四〇%を生産していた。地元の栽培・荷主協会はこの肥沃な土地を欲していた。それに戦時の敵対的感情がかさなった。

同州司法長官ウォーレン▲は陸軍省西部防衛司令官デウィット▲とともに日系人強制収容の必要性を説いた。最終的には陸軍省主導で四二年の春、一一万人以上の日系人が大統領行政命令のもとで、奥地の強制収容所に移住させられた。

況ではなされるべきでないと主張した。黒人に対する譲歩に対してスティムソンは怒り、とくに「ローズヴェルト夫人のでしゃばりで衝動的な愚行」にいきどおっていた。

▼白人のみの予備選挙　予備選挙での投票資格を黒人に与えない制度。十九世紀末に登場した。

▼アール・ウォーレン（一八九一～一九七四）　カリフォルニア州司法長官、同州知事、四八年に共和党副大統領候補などを歴任したのち、五三年から合衆国最高裁判所長官に就任し、黒人の平等を認める画期的な判決を多数くだした。のちに、日系人隔離は誤りであったと認めた。

▼ジョン・デウィット（一八八〇～一九六二）　陸軍省西部防衛司令官。中将として日系人隔離を推進。「日本民族は敵の民族だ」「二世、三世の多くは米国の地で生まれ、米国籍を有し、『米国化』しているが、民族的な気質は薄まっていない」と、西海岸からの日系人強制退去の最終報告書に、デウィット中将は記している。

そのうちの約三分の二はアメリカ生まれのアメリカ市民であった。日系人は依然として日本に忠誠心をもち、日本軍と歩調をあわせて反政府的活動に従事すると恐れられた。

この問題に関するローズヴェルト自身の関心は強くなかったようである。彼はスティムソン陸軍長官らに、問題の処理をまかせていた。四二および四三年にくだされた合衆国最高裁判所の判決も、こうした措置を容認するものであった。(ただし、長年におよぶ日系人の運動の結果、八八年に連邦議会は正式に被害者にたいして謝罪と補償金の支払いをおこなった)。

ローズヴェルトは、イッキーズ内務長官から、日系人強制収容所は政府にたいする敵意の肥沃な土壌になっているとの警告を受け、四三年エレナーに日系人収容所の一つを視察するよう依頼した。エレナーは日系であることを理由にしてアメリカ市民をこのようにあつかうのは明らかに公正と正義に反すると報告した。

エレナーは強制収容が誤りであることを確信していた。ローズヴェルトは当初の決定が誤りであったとは認めなかったが、エレナーの報告を聞き、拘留された日系アメリカ人の収容所からの再移住を奨励するように方針を変えていった。その結果、四三年末までに、抑留された日系アメリカ人のほぼ三分の一が従軍あるいは就労することにより収容所をでた。彼らの一部は大きな戦功も達成した▲。

戦争を遂行しながら、国内改革の漸進的推進を達成することも可能であったかもしれない。しかし、ローズヴェルトはそれを拒否した。それをおこなえば、経済界および南部とのより深刻な対立をかかえこむことになったはずである。

ナチ打倒に死力を尽くしつつ、ソ連をもっと強く牽制するという発想もありえたが、ローズヴェルトはやはり、基本的にはそのような考え方を受け付けなかった。無制限にソ連を信用したわけではなかったが、戦争は全力で戦って早く終了させ、それによってアメリカ人の犠牲者を最小限にとどめるというのが彼の発想の基本であった。

ローズヴェルトは内政では大胆にアメリカの政治を変えることに成功した。しかし、外交においてはやや未熟さを示した。スターリンの冷酷さ▲は、おそらく彼の想像の域をこえていた。

▼日系人部隊の活躍　アメリカ市民権をもつ日系人の一部は軍務を志願し、日系部隊としてイタリア半島でめざましい戦功をあげた。イタリアとフランスで勇猛果敢に戦った日系人のみの第一〇〇歩兵大隊は高く評価された。同じくイタリアとフランスで戦った第四四二連隊戦闘団は全軍でもっとも多くの勲章を受けた部隊となった。

▼スターリンの冷酷さ　三二年から三三年にはウクライナ北部を中心に農民から穀物を強制徴発し、数百万人を餓死(ホロドモール)させた。またピーク時の三七年からの二年間に数百万人が粛清されたとも推定されている。さらに第二次世界大戦ではナチスに侵略され、多大の被害(二〇〇〇万人以上の戦死者)を被ったが、スターリンが下した非人道的な命令(無謀な人海戦術など)も戦死者が増えた一因となった。

戦時と選挙

四二年の中間選挙では、既述したように民主党は惨敗した。民主党は上院で八議席、下院で四五議席を失い、上院では民主党五七議席、共和党三八議席、下院で民主党二二二議席、共和党二〇九議席となった。民主党内保守派と共和党による保守連合は、一挙に議会の主導権を獲得した。

四二年、ローズヴェルトはウィルキーと時々ホワイトハウスで会談していた。ウィルキーは国際主義的見解をもっており、エレナー、ラガーディア▲（共和党）らとフリーダム・ハウス▲を立ち上げていた。この年の夏、民主・共和それぞれの政党のリベラル派の間で、この二人が組んで新党を結成するとの期待も生まれた。

ローズヴェルトはテヘランでの会合にて、スターリン、チャーチルに、四四年選挙ではポーランド系アメリカ人の票を必要としていると述べ、四選出馬への意欲を明かしていた。三期目については思い悩んだローズヴェルトであったが、四期目の出馬はもはやかなり容易な決断であった。

ローズヴェルトの選挙戦は労働者票▲を標的にし、既述した「経済的権利の章典」を発表した。対立候補はニューヨーク州知事のデューイ▲であったが、四〇

▼フィオレロ・ラガーディア（一八八二〜一九四七）　リベラルな共和党員であり、連邦下院議員を務めたのち、ニューヨーク市長（三四〜四五）としてニューディールを支持した。

▼フリーダム・ハウス　四一年にナチス・ドイツに対抗して自由と民主主義を擁護することを目的に結成された。今日、有力な人権集団として知られる。

▼民主党と労働組合　一九四四年選挙では、CIOからの政治献金が民主党選挙費用の三〇％を占めたとの指摘も存在する。労働組合が一つの政党にこれほど肩入れするのは、はじめてのことであった。

▼トマス・デューイ（一九〇二〜七一）　ニューヨーク州知事（四三〜五一）を務める一方で、四四年と四八年の共和党大統領候補（いずれも落選）。

▼**ジミー・バーンズ**（一八八二〜一九七二）　サウスカロライナ州選出連邦上院議員および下院議員（民主党）、合衆国最高裁判所判事、トルーマン政権期の国務長官、同州知事などを歴任した。

▼**ミズーリの妥協**　一八二〇年に連邦議会において成立したミズーリ州昇格をめぐる南部と北部の妥協。

ローズヴェルトとトルーマン　当選を果たした四四年選挙直後の十一月十二日、駅からホワイトハウスに同行するところ。

年のウィルキー同様、ニューディールを基本的に支持する態度を表明した。

ローズヴェルトの健康問題は、副大統領候補の選択を極めて重要なものにした。ウォーレスはリベラル派の支持をかためていたが、保守派を中心にウォーレスについての不満が噴出していた。ローズヴェルトはウォーレスをおしつつ、前最高裁判事のバーンズ▲を最適と考えたが、サウスカロライナ州出身で人種差別主義者であることが障害となった。そこで浮上したのがミズーリ州、まさに南北の境界州（border state）出身のトルーマン上院議員であった。ニューディーラーでありつつ、人種差別的発言が存在せず、南部保守派からも容認され、リベラル派や黒人の支持を失う懸念がなかった。第二のミズーリの妥協▲と呼んだ者もいた。民主党全国党大会での代議員の投票結果は、民主党全国委員長ら党指導部が望んだとおり、トルーマンの勝利となった。

ローズヴェルトはラジオをつうじて民主党大会に集った代議員に指名受諾演説をおこなった。彼が訴えたのは、戦争の終結、世界規模の平和維持組織の樹立、すべてのアメリカ国民に相応の生活水準を保障する国内経済であった。選挙はデューイの敗北に終わった。

亡くなる前日のローズヴェルト

▼マップルーム　ホワイトハウスの一室で戦況の報告のために使用された。

ローズヴェルトにとって四回目の勝利は、これまででもっとも苦しい勝利であった。得票率は五三・四％にすぎず（四〇年は五四・七％）、勝利は大都市での労働者票に依存していた。

四選を達成したローズヴェルトであったが、翌四五年四月十二日ジョージア州ウォームスプリングズにて静養中に心臓麻痺で急死した。ただちに副大統領トルーマンが大統領に昇格した。アメリカは戦時であったが、違ったタイプの政治家に率いられることになった。

新大統領トルーマン

ローズヴェルトはスターリンやチャーチルとの秘密のやりとりをトルーマンには一つも明かさなかった。トルーマンは大統領就任までマップルーム▲にはいったこともなく、その存在すら知らされていなかった。連合国の戦略も原爆製造についてもなにも聞いていなかった。

フォレスタル海軍長官▲は、ソ連は東欧諸国すべてを支配しようとしており、スターリンは、アメリカが軍事力で対抗してくることはないと考えているとトルーマンに告げた。もしソ連が態度を変えないのであれば、われわれは対決を先延ばしすべきではないと彼は語った。ステティニアス、ハリマン、レーヒが賛成した。スティムソンはタカ派に圧倒されて困惑したが、トルーマンはタカ派の意見に賛成した。

トルーマンは、満洲での対日戦でソ連軍からの支援を必要とするであろうかとマーシャルに問うた。統合参謀本部は、この頃テヘランやヤルタでの立場を変えつつあり、スターリンの支援の必要性を強く感じなくなっていた。

こうして、トルーマンは次々とローズヴェルトの対ソ政策を変更していった。したがって、ローズヴェルトの外交をアメリカ的発想ないし伝統としてのみ定義してしまうのは必ずしも適当でない。

歴史家ダレックは、アメリカ国民は第二次世界大戦をへても、世界をありのままに理解できず、もっぱら国内的観点から世界をみる態度からぬけきれていなかったと指摘した。彼によれば、冷戦が始まってようやく、アメリカは国際政治での現実の痛みに直接対峙せざるをえなくなったのであった。

ローズヴェルトの内政での遺産の多くは存続した。トルーマンもそのほとん

▼ジェームズ・フォレスタル（一八九二〜一九四九）　海軍次官、海軍長官の後、初代国防長官に就任し、対ソ連強硬論を主張した。

▼エドワード・ステティニアス（一九〇〇〜四九）　四四年から四五年にかけてローズヴェルトとトルーマンのもとで国務長官を務めた。

▼ウィリアム・レーヒ（一八七五〜一九五九）　海軍元帥。四二年から海軍の最高司令官（大統領）付参謀長となり、ローズヴェルトとトルーマンに仕えた。

▼ロバート・ダレック（一九三四〜）　元ボストン大学教授。ローズヴェルト、ケネディ、ジョンソン、ニクソンらの伝記的研究で知られる。

▼**ハンガリー動乱**　ソ連とハンガリー政府に反対する国民によるデモ行進と蜂起をソ連軍が鎮圧し、約三〇〇〇人の市民が犠牲となり、二〇万人以上が難民として国外に亡命した事件。

どを受け継ぎ、むしろ拡大強化した。それに対し、外交では国際連合は樹立されたものの、対ソ連政策は比較的すぐに修正された。

ローズヴェルトが望んだ二五年から三〇年の平和は、主要国に関していえば、もっと長期にわたって維持されたともいえる。むろん、ソ連による東欧諸国支配やハンガリー動乱（五六年）鎮圧▲などをどう評価するかで、このあたりの解釈は大きく変わってくるであろう。あるいは、四〇年代半ばから九〇年頃までの米ソ間の平和は実際には冷戦状態であったし、「熱戦」に転化しなかったのは、ローズヴェルトが構想した国連が機能したことが原因というよりも、核兵器を含む相互抑止や米ソ間の多数の交渉の結果であったかもしれない。

戦争指導においてローズヴェルトはソ連との協力を重視し、国際連盟を修正した国際連合を樹立することを優先した。まさに今日まで続く戦後国際政治の枠組みをここで構築した。しかし、そのためにソ連による東欧軍事支配への対応は遅れ、またソ連を平和維持勢力の五つの柱の一つとみなすなど、ソ連およびスターリンに対する評価において、やや楽観的な面も存在した。内政でのローズヴェルトの手腕や手法は、外交では必ずしも有効でなかった。

むろん、国連すべてについて否定的評価をくだす必要はないであろう。途上国支援など、国連は創設当時から今日にいたるまで多岐にわたって重要な役割をはたしている。確かに二〇二二年二月に始まったロシアによるウクライナ侵略に対する非難決議について、ロシアが拒否権を発動したように、もっとも中核的な使命において国連安全保障理事会が機能不全に陥っていることは否定しがたい。しかし、第二次世界大戦終了後八〇年近くあとに起きたことについては、むしろのちの世代の指導者の責任と考えるべきかも知れない。

アメリカの保守化とニューディールの偶像化

六〇年代から七〇年代にかけて、アメリカや日本の多くの歴史家はニューディールを否定的に評価しようとしていた。一部は時代の知的雰囲気のなせるわざでもあった。資本主義を延命させただけの保守的なものであり、ニューディールがもたらした変化も評価に値しない小さなものであったなどと指摘された。六〇年代・七〇年代のアメリカ社会はニューディールの産物でもあったので、同時代批判という意味も込められていた。批判者の中核はニューレフトと呼ばれた左派系歴史家であった。

しかし、今日の左傾化した民主党において、もっとも左派に属する議員たちはいわばニューディールの再現を訴えている。ジョー・バイデン大統領が九兆ドルにのぼる「アメリカ救済計画」を成立させたあとの二〇二一年三月、ガーディアン紙は、「民主党左派はジョー・バイデン自身の大胆なニューディールに自らの魂を再発見」と題した記事において、「歴史家や政治家たちは、すでにその野心をローズヴェルトのニューディールあるいはリンドン・ジョンソンの偉大な社会計画と比較しはじめている」と記した。民主党員のなかにはこの成果を前にして眩暈を感じつつ、ニューディールの再来と称した者もいた(ただし、その後バイデン政権はニューディールに匹敵する立法を成立させることはできなかった)。少なくとも、再分配的連邦政府支出の規模が大きいことを示す言葉として、ニューディールはとびぬけて肯定的な概念となっている。五〇年前、左派から唾棄すべき存在として批判にさらされていた「ニューディール」は、今日左派にとって憧憬すべき存在となった。

民主党系の評論家も、ニューディールはアメリカがこれまでもっとも社会民

主主義に近づいた瞬間であったと評価している。▲

　アメリカでは一九七〇年代から、ニューディール的な大きな政府を否定する保守主義が台頭し、ニューディール期の政策の一部は縮小ないし廃止された。それにともない保守派の批判の矛先は、ニューディールよりも実際には一九六〇年代の「偉大な社会」計画の諸政策に向けられている。ローズヴェルトを論ずる際には、ニューディールについてのこのような評価の変化についても留意しておく必要があろう。

　全体として、近年ローズヴェルトの業績は国内政治においてより高く評価されるようになった。しかし、この状態は、保守の壁をなかなか突破できないアメリカのリベラル派の困難を裏から示唆しているのかもしれない。

▼最近のニューディール評価　以下の書ではニューディールは経済政策ではリベラルかつ社会民主主義的であったが、宗教や文化面では穏健あるいは保守的であったと指摘し、むしろその点を評価している。John B. Judis & Ruy Teixeira, *Where Have All the Democrats Gone: The Soul of the Party in the Age of Extremes*（Henry Holt & Company, New York, 2023）. ローズヴェルト政権のもとで、感謝祭、退役軍人の日、そしてコロンブスの日が連邦の祭日となった。クリスマス・ツリー点火行事を国民的行事にしたのもローズヴェルトであった。

フランクリン・ローズヴェルトとその時代

西暦	齢	おもな事項
1882	0	***1-30*** ニューヨーク州ハイドパークで生まれる
1896	14	グロートン校に入学
1900	18	ハーヴァード大学に入学。***12-8*** 父ジェームスが死去
1904	22	コロンビア大学ロー・スクールに入学
1905	23	***3-17*** エレノアと結婚
1907	25	ニューヨーク州弁護士試験に合格
1911	29	***1-*** ニューヨーク州議会上院議員就任
1913	31	***3-*** 海軍次官就任
1917	35	***4-*** アメリカ，第一次世界大戦に参戦
1920	38	大統領選挙で民主党ジェームズ・コックスの副大統領候補に指名(落選)
1921	39	***8-*** ポリオに罹患し下半身が不自由に
1924	42	***6-*** 民主党全国党大会でアル・スミス応援演説
1928	46	***11-*** ニューヨーク州知事選挙に出馬し当選(29 年 1 月就任)
1929	47	***10-24*** 大恐慌勃発
1932	50	***11-*** 大統領選挙に出馬し当選(33 年 3 月 4 日就任)
1933	51	***3-*** 緊急銀行法，経済法。***5-*** 農業調整法(AAA)，テネシー州流域開発公社（TVA)，連邦緊急救済局（FERA)，証券法。***6-*** 全国産業復興法(NIRA)，銀行法。***11-*** 文民雇用局（CWA)，ソ連承認
1934	52	***3-*** フィリピン独立の方針を公表。***6-*** 互恵通商協定法
1935	53	***5-*** 雇用促進局（WPA)。***7-*** 全国労働関係法（ワグナー法)。***8-*** 社会保障法，1935 年中立法
1937	55	***1-*** 政権 2 期目開始，1937 年中立法。***10-5*** 隔離演説
1939	57	***9-1*** 第二次世界大戦勃発。***11-*** 1939 年中立法
1940	58	***9-*** 選抜徴兵法
1941	59	***1-*** 政権 3 期目開始。***3-*** 武器貸与法。***6-*** 独ソ戦開始。***8-*** 大西洋憲章。***9-7*** 母サラが死去。***12-7*** 真珠湾攻撃，アメリカが第二次世界大戦に参戦
1942	60	***2-*** 日系アメリカ人の強制収容が始まる。***6-*** ミッドウェー海戦。スターリングラードの戦いが始まる
1943	61	***1-*** カサブランカ会談。***5-*** 第 3 回ワシントン会談。***8-*** 第 1 回ケベック会談。***11-*** カイロ会談。テヘラン会談
1944	62	***6-*** ノルマンディー上陸作戦。***9-*** 第 2 回ケベック会談
1945	63	***1-*** 政権 4 期目開始。***2-*** ヤルタ会談。アメリカ軍がフィリピン奪回。***4-12*** ジョージア州ウォームスプリングズで死去，ハリー・トルーマンが第33代大統領に就任。***5-7*** ドイツが無条件降伏。***8-6*** 広島に原爆投下。***8-8*** ソ連が対日宣戦。***8-9*** 長崎に原爆投下。***8-14*** 日本がポツダム宣言を受諾。***9-2*** 第二次世界大戦終結

参考文献

久保文明『ニューディールとアメリカ民主政——農業政策をめぐる政治過程』東京大学出版会，1988 年

佐藤千登勢『フランクリン・ローズヴェルト——大恐慌と大戦に挑んだ指導者』中公新書，2021 年

新川健三郎『ニューディール』近藤出版社，1973 年

Ackerman, Bruce, *We the People Vol.2: Transformations*, Belknap Press, 1998.

Badger, Anthony J., *The New Deal: The Depression Years, 1933–1940*, Macmillan, 1989.

Bernstein, Barton ed., *Towards a New Past: Dissenting Essays in American History,* Random House,1968.（琉球大学アメリカ研究所訳『ニュー・レフトのアメリカ史像』東京大学出版会，1972 年）

Black, Conrad, *Franklin Delano Roosevelt: Champion of Freedom*, Perseus, 2005.

Breitman, Richard, Allan J. Lichtman, *FDR and the Jews*, Belknap Press, 2013.

Brinkley, Alan, *The End of Referm: New Deal Liberalism in Recession and War*, Vintage Books, 1995.

——, *Franklin Delano Roosevelt*, Oxford University Press, 2009.

Burns, James MacGregor, *Roosevelt: The Lion and the Fox*, Harcourt, 1956.

——, *Roosevelt: The Soldier of Freedom*, Harcourt, 1970.（井上勇他訳『ローズベルトと第二次大戦　上・下』時事通信社，1972 年）

Childs, Marquis W., *Sweden: the Middle Way*, Yale University Press, 1936.

Dallek, Robert, *Franklin D. Roosevelt and American Foreign Policy, 1932-1945*, Oxford University Press, 1995.

——, *Franklin D. Roosevelt: A Political Life*, Viking , 2017.

Davis, Kenneth S., *FDR: The New Deal Years, 1933-1937*, Random House, 1986.

——, *FDR: Into the Storm, 1937–1941*, Random House, 1993.

Freidel, Frank, *Franklin D. Roosevelt: A Rendezvous with Destiny,* Little Brown Company, 1990.

Goodwin, Doris Kearns, *No Ordinary Time: Franklin and Eleanor Roosevelt, The Home Front in World War II*, A Touchstone Book, 1995.（砂村榮利子他訳『フランクリン・ローズヴェルト　上巻　日米開戦への道，下巻　激戦の果てに』中央公論新社，2014 年）

Gunther, J., *Roosevelt in Retrospect*, Harper, 1950.（清水俊二訳『回想のローズヴェルト』早川書房，1968 年）

Hull, Cordell, *The Memoir of Cordell Hull, Volume I-II,* Hodder & Stoughton, 1948.

Jordan, Jonathan W., *American Warlords: How Roosevelt's High Command Led America to Victory in World War II*, Dutton Caliber, 2015.（中沢志保訳『FDR の将軍たち－ローズヴェルトの最高司令部はいかにしてアメリカを勝利に導いたか　上・下』国書刊行会，2022 年）

Kaiser, David, *No End Save Victory: How FDR Led the Nation into War*, Basic Books, 2014.

Kennedy, David M., *Freedom from Fear: The American People in Depression and War, 1929-1945*, Oxford University Press, 1999.

Kimball, Warren, ed., *Churchill and Roosevelt: Complete Correspondence Vol. I–III,*

Princeton University Press, 1987.
Kissinger, Henry A., *Diplomacy*, Simon & Schuster, 1994.（岡崎久彦監訳『外交 上・下』日本経済新聞社，1996 年）
Leuchtenburg, William E., *Franklin D. Roosevelt and the New Deal, 1932–1940*, Harper Torch Books, 1963.（陸井三郎訳『ローズヴェルト』紀伊国屋書店，1968 年）
——, *The FDR Years: On Roosevelt and His Legacy*, Columbia University Press, 1995.
McMahon, Kevin J., *Reconsidering Roosevelt on Race: How the Presidency Paved the Road to Brown*, University of Chicago Press, 2003.
Morgan, Ted, *FDR: A Biography*, Simon & Schuster, 1985.
Pederson, William D., eds., *A Companion to Franklin D. Roosevelt*, Wiley-Blackwell, 2011.
Perkins, Frances, *The Roosevelt I Knew*, Viking, 1946.
Polenberg, Richard D., *The Era of Franklin D. Roosevelt, 1933–1945: A Brief History with Documents*, Bedford/St. Martin's, 2000.
Roosevelt, Eleanor, *The Autobiography of Eleanor Roosevelt*, Harper & Brothers, 1961.（坂西志保訳『エリノア・ルーズヴェルト自叙伝』時事通信社，1964 年）
Roosevelt, Elliot, ed., *F.D.R.: His Peronal Letters, 1928–1945, vol. I & II*, Duell, Sloan & Pearce, 1950.
Rosen, Robet N., *Saving the Jews: Franklin D. Roosevelt and the Holocaust*, Thunder's Mouth Press, 2006.
Rosenman, Samuel I., *Working with Roosevelt*, Da Capo Press, 1972.
Rosenman, Samuel I., comp., *The Public Papers and Addresses of Franklin D. Roosevelt, 13 vols.* I–V: Random House, 1938, vols. VI–IX: Macmillan, 1941, vols. X–XIII: Harper & Brothers, 1950.
Schlesinger, Arthur M.,Jr., *The Crisis of the Old Order, 1919–1933*, Houghton Mifflin, 1957.（中屋健一監修『ローズヴェルトの時代　第 1 巻　旧体制の危機』論争社，1962 年）
——, *The Coming of the New Deal, 1933–1935*, Houghton Mifflin, 1958.（中屋健一監修『ローズヴェルトの時代　第 2 巻　ニューディール登場』論争社，1963 年）
——, *The Politics of Upheaval, 1935–1936,* Houghton Mifflin, 1960.（中屋健一監修『ローズヴェルトの時代　第 3 巻　大変動期の政治』ぺりかん社，1966 年）
Sherwood, Robert E., *Roosevelt and Hopkins: An Intimate History,* Harper, 1948. （村上光彦訳『ルーズヴェルトとホプキンズ』未知谷，2015 年）
Smith, Jean Edward, *FDR*, Random House, 2008.
Stimson, Henry L. and Mc George Bundy, *On Active Service in Peace and War*, Harper & Brothers, 1948.（中沢志保他訳『ヘンリー・スティムソン回顧録　上・下』国書刊行会，2017 年）
Winkler, Allan M., *Franklin Delano Roosevelt and the Making of Modern America*, Peason/Longman, 2003.

図版出典一覧

倉持和江・安部忍・ボーレ，ガブリエル編『ビターイヤーズ写真展図録』G.I.P. Tokyo, 1996　*46*

Dallek, Robert, *Franklin D. Roosevelt: A Political Life,* New York: Viking, 2017.　*15, 23, 24, 25, 28, 36, 79, 90, 94, 101, 103, 113, 114*右, 左

Freidel, Frank Burt, *Franklin D. Roosevelt: a rendezvous with destiny,* Canada: Little, Brown & Company, 1990.　扉

Morgan, Ted, *FDR: A Biography,* New York: Simon & Schuster, 1985.　*11*中, 下, *41*下, *71*中, 下

The national WWⅡ Museum 提供　*11*上

ユニフォトプレス提供　カバー表，裏

久保　文明（くぼ　ふみあき）
1956年生まれ
東京大学法学部卒業
博士（法学，東京大学）
専攻，アメリカ政治史
現在，東京大学名誉教授，防衛大学校長

主要著書

『ニューディールとアメリカ民主政』（東京大学出版会 1988）
『現代アメリカ政治と公共利益』（東京大学出版会 1997）
『日米関係史』（共著，有斐閣 2008）
『アメリカ政治史』（有斐閣 2018）
『アメリカ政治史講義』（共著，東京大学出版社 2022）

世界史リブレット人93

フランクリン・ローズヴェルト

ニューディールと戦後国際体制の創設者

2024年９月10日　１版１刷印刷
2024年９月20日　１版１刷発行

著者：久保文明《くぼふみあき》

発行者：野澤武史

装幀者：菊地信義＋水戸部　功

発行所：株式会社 山川出版社

〒101-0047　東京都千代田区内神田１-13-13
電話　03-3293-8131（営業）8134（編集）
https://www.yamakawa.co.jp/

印刷所：株式会社 明祥

製本所：株式会社 ブロケード

ISBN978-4-634-35093-9